奇跡の不動産屋が教える

幸運が舞い込む部屋探しの秘密

How to find a room where good fortune comes

誠不動産代表
鈴木 誠
Makoto Suzuki

朝日新聞出版

幸せな人生が欲しいなら、

住む部屋を変えなさい。

しかも

今すぐに！

はじめに

「部屋」を「人生」と言い換えてみる

住む部屋が変われば、ただそれだけで、必ず人生は変わる。

僕は、自分が物件を紹介したお客様の人生が変わるのを、間近で見てきました。新しい部屋を探される度にいらっしゃる皆様が、部屋を変えるごとにステップアップされ、さらに輝いて次の部屋へと移っていかれる姿を見るのは本当にうれしいことです。

「部屋は自分の心を映し出す鏡」という言い方をされることがあります。

これも真実だと思うのですが、僕は「部屋選びこそが、人生を映し出す鏡」だと思っています。

なぜなら、部屋を選ぶとき、その人の人生への姿勢や考え方、望みが全て現れるからです。

たとえば、こんな風に。

「部屋」は、日当たりがいい方がいい。
↓「人生」は、光り輝いている方がいい。
「部屋」は、ゆっくり休める空間がいい。
↓「人生」には、安らぎと安心感が必要だ。
「部屋」の水回りは、綺麗な方がいい。
↓「人生」の流れは、水のごとくスムーズな方がいい。
「部屋」は、駅や会社には近い方がいい。
↓「人生」の目的地には、すぐにたどり着ける方がいい。

同じ建物に住む人は、気持ちよい人がいい。

↓「人生」ではいい人間関係に恵まれたい。


こうやって、部屋選びを人生にたとえてみると、部屋を決めることこそが、理想の人生を手に入れられるかどうかを左右する大切なことだとわかるはずです。

同時に、これまでの部屋探しと、今住んでいる部屋を見れば、あなたがこれまでの人生で、何を妥協してきたのかもわかります。

無意識に、自分にふさわしい場所を自分で選定し、自分が妥協すべき点を部屋探しに反映してしまっていることに、どうか気づいて欲しいのです。

あなたが住むその部屋こそが人生を変えるのですから。

たとえば、部屋の日当たりを諦めたなら、気持ち的には光り輝く人生を諦めているようなもの。自分にそれが与えられるにふさわしいと思えているかどうかが、部屋探しのキーワードになるのです。

あなたの人生に、今まで光が与えられていないのなら、どうか、部屋探しを通じて光をご自身に与えてください。

譲れないポイントを、安易に譲らないこと。
日当たりと気の流れを、意識して選ぶこと。

部屋探しのプロで、部屋探しオタクの僕が言うのだから、間違いありません。
そして本書は「人生を変えるための部屋の探し方」を、お伝えする本です。

「でも引っ越しって人生の結構大きなイベントで……」
「引っ越したくてもお金がなくて……」
「引っ越しって、ガム買うみたいにできるわけじゃ……」

そうですよね！
だから、部屋探しに対するネガティブなイメージや言葉はちょっとだけ忘れて、この本を読み進めてみてほしいのです。

もう一度言います。

この本は「人生を変えるために必要な部屋の探し方」について書いた本です。

僕のお客様たちが、部屋を変えることでどう人生を変えていったのかを、聞いてください。本当にあなたが住むべき部屋を探す奥義も、お伝えします。

「もう、家を貰っちゃったし！」という人にも、人生を変えるヒントがたくさんあるはずです。

結果「やっぱり今の部屋でいいや」と思うなら、もちろんそれでも構いません。

それでもやっぱり、部屋探しのプロとしてあえて断言します。

部屋を変わっただけで、その人の人生は絶対に変わります。

部屋が変わるだけで、です。

だからこそ、本来部屋探しは、宝探しのようなもの。妥協や諦めではなく、絶対にある自分だけの最高の「基地」を探す、非常にワクワクすることなのです。

「部屋探しは人生探しだ！」

鈴木 誠

『奇跡の不動産屋が教える
幸運が舞い込む
部屋探しの秘密』

もくじ

第1章

なぜ、住む部屋で人生が変わるのか

第2章

住んだ後楽しく幸せになる不動産屋との関わり方

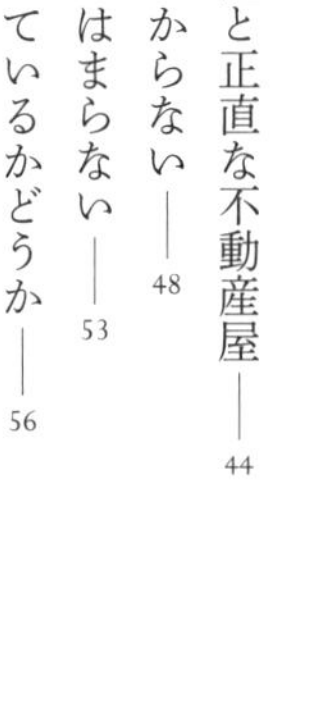

第3章

意識を変えて人生を変える部屋探し

第5章

次に選ぶ部屋が、未来を決める

構成：MARU
装丁デザイン：井上新八
本文デザイン：ホリウチミホ
校閲：溝川歩、くすのき舎

第1章

なぜ、住む部屋で人生が変わるのか

衣食住すべての仕事を経験したからわかること

僕は、元自衛官です。そして、元アパレルの販売員、さらに、元飲食店員です。というと、とてつもなく一貫性がないように見えますが、これらのすべてが今の僕の天職へとつながっています。

天職とは不動産仲介業。

完全紹介制の不動産屋として独立して、10年目を迎えました。

僕は、これまで経験したどの仕事にもやりがいを感じていました。国民の生命と安全を守る仕事であったり、着る服を通じて自己表現をすることを応援したり、夜な夜なお客様の悩みごとを聞いたり……。ある意味、衣食住のすべてを仕事にしてきた僕だからこそ、声を大にして言いたいことがあります。

人生を楽しむなら、住居が大事！
それはもう、本当に、
めちゃくちゃ大事！

食べることも、着ることも、もちろん大事なのですが、それらを存分に楽しむためには、今住んでいる場所！　その場所が快適であるかどうかが土台になる。そのことを、僕自身が経験した10回以上の引っ越しと、劣悪な環境に住んでみた体験、さらに不動産仲介を介して見てきたお客様の人生の劇的な変化を通じて、確信するようになりました。

外でどれだけ好きな服を着て、おいしいものを食べていても、自分自身のエネルギーの充電器とも言える部屋が心地よいものでないかぎり、日々の幸福度を高めることはできません。

部屋探しを間違えると人生で迷子になる

「誠さん、部屋が変われば人生がよくなるっていうけれど、そうなってない人も多いですよね」と言われれば、僕は「そうですね。その通りです」と答えます。

でも、なぜ、部屋を変わっても人生が好転しないのかというと、そこには明確なただ一つの理由があります。

人生が好転する部屋に、引っ越していないから！

ただそれだけなのです。

部屋によって人生を変えるために必要なことは、部屋を「適切に」選ぶこと。

そうすれば、人生は勝手によい方へと変わっていきます。だからこそ、上京や転職など人生の転機となるタイミングでよい部屋へ引っ越すことが大切なのですが、多くの人には、それができていません。

引っ越しやよい部屋に住むには、お金がかかるから。

もちろん、それもひとつの理由ではありますが、一番大きな理由は別にあります。それは、不動産屋が、お客様がこれからの人生で必要としている部屋を、適切にご紹介できていないからです。その結果として、自分が住みたいと思う部屋ではない場所に、住んでしまっている人が多いのです。

多くの人が経験しているのではないかと思いますが、ネットの不動産紹介サイトで「あ！　この部屋いい」という部屋を見つけて、不動産屋を訪ねると「あ、その部屋はもう決まっていまして」と言われ、いくつか物件を紹介してもらい、内見をしたら「ここがいいですよ！　他にも申し込みが入りそうだから今申し込まないと」と煽られて、なんだかいつのまにか押し切られているというパターン。

こういう形で住むことになった部屋は、不動産屋が住まわせたい部屋であって、あなたが本当に住むべき部屋でないことがほとんどです。

実は、僕も、最初に入社した不動産会社では、トップセールスを記録していたのと同時に、お客様の未来を生む部屋を丁寧に紹介するのではなく、効率良く契約させることだけを考えていました。

業界自体にそういう風土があり、多くの営業マンがそこに疑問を持つことなく仕事をしていますから、借り手側が一歩上手をいかないかぎり、熟練営業マンに都合のよい部屋を紹介されてしまうことになります。

僕は、その状況に耐えられず、また、住む部屋の重要性に気づいてから独立し、本当にお客様が必要としている部屋を、誠心誠意、全力で探すことに邁進《まいしん》してきました。そして、この業界の腐敗を止めたいと、同じ志を持つ不動産会社同士で組織を作り、改善を試みてきました。

しかし、長い歴史の中で生み出された業界の歴史というのは変わりづらく、誠意のある不動産屋さんが増えていくには、まだまだ時間がかかります。だからこそ、借り手側が部屋探しの重要性を理解し、借りさせられるのではなく、今の自分に必要な部屋を借りること。これが大切です。

人生を決めていたのは「部屋」だった

「人生を変えたいなら、まず目標を決めて動き出すこと」

自己啓発本や成功法則セミナーなどで、よく聞く言葉です。僕も、人生において目標設定は大切だと思うのですが、日々お客様と向き合い確信したことがあります。

今いる環境を変えずして、人生を変えるのは難しいということ。

だから、本当に人生を変えたいのなら、最初に決める目標は「未来の自分が住む部屋を見つける」が理想です。

これまでの人生、何をやってもうまくいかなかったという人にこそ、振り返ってみてほしいのが、今までどんな部屋に住んできたのかということ。

どれほどがむしゃらに頑張ってきたとしても、日当たりや風通しが悪く、気持ちよく過ごせない部屋を自分の人生の拠点にしてしまっているとしたら、その努力を実らせるのは至難《しなん》の業《わざ》。きっと、必要以上の体力を費やし、必死で人生を開拓しようとしているのではないかと思うのです。

「これまで、何をやっても運が悪くて」

一見理由がないように思えるかもしれませんが、運が悪く、人生が好転しないのは、運が悪く、人生が好転しない部屋に居続けているからです。

運気の上がる部屋というのがあります。逆に、運気を下げる部屋というのがあります。これは、実際に内見に行けば、ドアを開けた瞬間にわかります。

以前担当した、ある女性のお客様は、北向きの日当たりの悪い、しかも目の前は幹線道路で空気も悪くて騒音もすごい部屋に住まれていました。やはり、「体調も気分も良くなく、何をやってもうまくいかない」と嘆かれていました。部屋探しの間、僕はそのお客様に「新しい部屋が見つかったら絶対人生よくなるから」と伝えながら、一緒に、お客様の未来を変える部屋を探しました。

斜めな部屋では、人生も斜めになる

僕が部屋を選ぶときにとても大切にしていることの中に、「部屋ができるだけゆがみのない間取り、きれいな長方形や正方形で成り立っているということ」というのがあります。

風水では、昔からL字や台形などの変形間取りはいい気が回りにくいとされていますが、風水の知識がなくても、僕はそういう部屋に内見に行くと、ちょっとした違和感を感じます。この違和感は、部屋探しにおいて何よりも大切な直感ですから、見逃してはダメ。風水とか、さらに霊感とか、そういうものがなくても、部屋の「お、なんかいい感じ」と「ん？　ここはなんかあんまり」という感じというのは、人にはわかるもの。

そもそも、風水とは、古代中国で生まれた「気」の力を利用した環境学です。つまり、気の流れを整えることで運気をあげるものですから、専門家ではない人でも感じる違和感は、まず、スルーしないこと。

そして、日々内見している中で、建物自体の違和感に関しても同じことが言えると断言できます。部屋に入った瞬間、部屋自体はゆがんでいないのに、なんか違和感がある、と思うときは大抵、道路に対して斜めに建物が立っていたり、建物のそばの電柱が圧迫感を与えていたりするのです。

道路に対して斜めな部屋に住むと人生も斜めになりやすい。

これは、冗談ではなく、僕がたくさんの物件と引っ越しを重ねてきた人たちを見てきたからこそ断言できることです。

実際、間取りのゆがみではなくとも、家のわずかな傾斜が健康や精神面に影響を与えることがわかっています。0・6度程度の傾きでさえ、めまいや頭痛が生じてしまうほどに、人は空間に影響を受けます。

そんな状態では、当然、イライラしたり、人間関係がうまくいかなくなったりと、家の外での自分にも影響が出てきます。

そのゆがんだ感覚は、部屋に入った瞬間の違和感でわかります。

だからこそ、部屋に入った時の直感、部屋のゆがみを「そのうち慣れる」で見過ごさないことが大切です。人も本来は動物。自分の直感が一番、自分の居心地のよい空間を知っているのですから。

人は土地の持つ力に影響を受ける

「上京して最初に住んだエリアはどこですか？

そのあと、どこに引っ越しましたか？

今は、どこに住んでいますか？」

いらっしゃったお客様にこの質問をすると、その方がどういう人生を歩んでこられたのかが、なんとなくわかります。

どのエリアを選び、その後の選択がどうだったのか。むしろ、それこそが今のお客様の人生を作っている。これは、スピリチュアルでも風水でも何でもなく、土地が持つエネルギーの存在は、誰もが日々感じていることです。

「ハワイには呼ばれた人しか入れない」とか「鎌倉で住居が見つかる人は選ばれている」とか、スピリチュアルな表現をされることがありますが、長年、部屋探しをしてきて思うのは、その人が今住んでいる場所や部屋は、その人の今を明確に表しているということです。

たとえば「どこに住んでるの?」と聞いて返ってきたエリアの名前に「えええええ? めちゃくちゃ意外」というふうに感じることは少なくありませんか?

また、水が合う、合わない、という言葉があるように、その土地に自分自身がなじめるのか、しっくりいくのか、人は自然と感じ取っているように思います。

特別霊感があるとか、スピリチュアルな能力があるとか、そういう話ではありません。

人も動物ですから、自分がそこにいて安全か危険かは、直感でわかります。

家のことはマニアックになればいくらでもマニアックになれます。

風水とか家相や方位など、よりよい家を探すためのツールも膨大にありますが、それをしっかり調べて従うことよりも、ちゃんと自分の直感を信じることの方が大切です。人は「そこが気持ちよいのか、よくないのか」のセンサーで判断することができるから。沿線とか、駅徒歩何分とか、家賃とか、敷金・礼金何カ月とか、築年とか、部屋数とか、通勤に便利とか、買い物に便利とか……数字や物理的な判断でわかるような条件だけで決めるのは非常に危険。

ですから僕がまず僕に課している部屋探しのルール、名づけて「誠ルール」では、まずその土地の持つ空気を感じることを重要視しています。

住めば都とも言いますが、僕は個人的には、これは間違いだと思っています。

もちろん、たまたま転勤で移動された場所が、都に思えるほど自分に合っていたということはよくあることかもしれません。その土地で生きて行くという覚悟が、住んでいる場所を自分の場所として、そこを人生の軸として大きな変化をもたらすことはあるでしょう。

ただ、住み慣れる、順応することはあっても、もともと「合わない」と感じた部屋やエリアを「都」だと思えるほど人間は合理的ではないように思います。

逆に、「何がなんでもここで成功してやる」というような覚悟を持って、合わない土地や部屋で奮起することは不可能ではないかもしれませんが、それよりは「あ、この街好き」「この部屋なんか好き」と感じる場所にいた方が、日々気持ちよく生活できるというもの。元気もやる気もどんどん湧いてくるはずです。

それくらい、その地域の持つ力は大きいのです。

だからこそ、「今の収入ならどこに住めるか」ではなく「何も制約がないとしたら、どこに住みたいか」から考えてみてください。

よい部屋が、よい人生を生み出す。

だからこそ、部屋探しは、人生においての最重要課題なのです。

実家暮らしよりも一人暮らしの方が運は開ける

実家で暮らしている人は、わざわざ部屋を借りて一人暮らしをする必要性を感じていない人も多いのではないでしょうか。

ですが、もしもあなたが今、実家暮らしで人生の行き詰まりを感じているのだとしたら、実家による影響について考えてみる必要があるかもしれません。

人は、生まれてから育った環境に大きな影響を受けます。それは、自立してからも続きますが、実家に暮らしている人は、特に、育った環境による影響を受けやすくなります。

実家は、自立するまで育ててもらった場所であり、ゴロゴロしていても、あたたかいご飯が食べられる場所。

その場所に居続ける限り、自分の人生を自分で選択し、切り開いていく覚悟ができない……つまり自立がしづらくなるのです。

自立には、精神的な自立、経済的な自立、生活的な自立の3つの自立があると言われます。このどれもが皆、実家暮らしから抜け出して、自分の拠点を持ったときに得られるものだと言えます。

ですから、実家を拠点に、資格を取ったり、会社を変えたり、人生の問題を解決しようと頑張ってもなかなかうまくいきません。

もちろん、実家にいてもしっかり自立できる人もいますが、もしも、実家暮らしのあなたが今、仕事や恋愛などを通じて「人生がうまくいっていない」と感じるのだとしたら、それは、引っ越しによって今の自分に必要な、新しいアイデンティティを探し出すチャンスです。

部屋に漂う気が動いて運気となる

私がお客様の部屋を決めるときに大切にしている、部屋探しの「誠ルール」としてあげたいのが、「気」です。

沿線とか駅とか以上に、実際にその建物が立ってる場所、地形、周囲の環境、土地にただよう「相」のようなもの。さらに、その部屋に漂っている「気」。ここにピンとくるかこないかが、その後の人生に大きく影響してきます。

「気」というと、「目に見えないし、怪しい」と思われるかもしれませんが、気の存在というのは誰もが当たり前のように感じていることです。

神社や森の中に行くだけで「空気がいい」「気持ちがいい」と感じることも、そのひとつです。

また、「人気」「天気」「元気」「やる気」「気合」「気持ち」「気分」など、「気」のついている言葉がこれだけあるということを考えると、日本人は古来からその存在を認め、気の良し悪しによって左右されるものがあるのだということを、知っていたのだと思います。

僕は、風水の専門知識はありませんが、やはり、「気」のいい場所、気の巡りというのは確かに存在しているのはわかります。

結局のところ、人間にとって一番気持ちよく自然でいられる状態を「風水がいい」と言っているんだな、と思います。そのくらい、人間の身体と心は、いる場所、土地から見えない影響をとても受けるものなのです。

土地のブランドや、一般的にいいと言われているエリアかどうかは関係ありません。

あくまでも、お客様が、その建物が立つ場所を「心地よい」と感じるかどうか、そして「気がいい」と思えるかどうかが大切です。

もともと「気」という言葉があるくらいなので、その存在は誰もが知っていること。元気、勇気、気合、気力……気のつく言葉は力強いものが多い。それは、誰もが感じることができるものです。

その場所、気持ちいいですか？何かいいこと起こりそうですか？

「あ、ここ好き」

ただ単純にそう思えるかどうか。

間取りや家賃、駅にとらわれすぎて、これをないがしろにしてしまうと、あとで大変苦労することになります。

僕は内見する際に部屋に入ったとき、少しでも違和感や重さを感じたら「ここはちょっと気が悪いですね」とそのまま伝えるようにしています。

実際「なんかじめじめしていて居心地が悪いし呼吸しづらい」という部屋。その場所が昔は沼であったということも少なくありません。

そういう場所に住むと、どうしてもよどんだ気が溜まっていて、病気がちになってしまう。実際そういう人が、新たな気のいい部屋に引っ越して、突然、憑き物が落ちたかのように元気になるというのは、珍しくありません。

実際に、僕も最近、10年住んだマンションから引っ越しました。風水などはまったく気にせず、その街、その土地、その建物、その部屋の空気感、その場所にいて気持ちいいと感じられるかどうかを重要視していました。それを、後から風水のわかる方に聞いてみたら、方角も部屋も、すべて風水的に合格でした。

もちろん、その部屋に引っ越してから、ますますやる気に満ちあふれていて、幸せな日々を送っています。

気のいい部屋を見つけ、そこで活動していくことで、運気がよくなります。

逆に気のよどんだ部屋で活動すると、運気は下がります。

人生を変えたいなら部屋を変えてみる

仕事がうまくいかない。失恋してつらい。夢があるのに踏み出せない。
もし、あなたが今、停滞していると感じていて、人生を変えたいと強く思うのなら、自分の部屋の真ん中に立って、周囲を見渡してみてください。

「そこ」にいるあなたに、力はみなぎっていますか？
「そこ」で、人生がうまくいくための秘策を生み出せそうですか？

「オラ、ワクワクすっぞー」と強敵を前にしたドラゴンボールの主人公、孫悟空のように、どうしたって力がみなぎってしまう、100％の力が出せてしまうような、そんな場所。その場所こそ、あなたのこれからの人生にふさわしい部屋です。

また、部屋には住んでいる人の思い出も染みつきます。

仕事のトラブルや失恋など、自分のエネルギーを奪うような出来事に見舞われた部屋に居続けると、いつまでたっても次の一歩が軽やかに踏み出せなくなります。

そしてもうひとつ大切なのが、自分という存在が一番大事だと思える自己重要感を持てる部屋。今住んでいる部屋の中心に立ってみてください。そこにいる自分を誇らしく思えますか？　答えが「ＹＥＳ」なら最高です。

もしも、「オレが住む部屋なんて、このくらいのもんだし」「お金がないから仕方がない」というように、自分の価値が低く思える部屋である場合は、「なんとかぬけ出そう」と、そこにいて頑張ろうとするのはやめましょう。

これからの未来を指し示す、明るくて気分のいい部屋へ引っ越すのです。

「ああ、オレはこんな場所に住める価値のある人間だ」と、部屋にいるだけで感じられる場所へ引っ越して、自己重要感を上げることが先決です。

特に若い男性の場合、「部屋はとりあえず帰って寝るだけの場所なので、何でもいいや」と言われる方もいるのですが、成功している男性は、住む場所にこだわる方がほとんど。

収納がなくて狭くて暗い部屋で散らかっていては、成功をつかむエネルギーは湧いてきませんし、理想の女性に出会うことも難しくなります。

成功も女性も、あなたが住んでいるその部屋を訪ねてくる。そう考えて部屋選びをすると、自然と、未来の理想の自分にふさわしい部屋を選ぶようになります。

僕のお客様の中には、恋愛が終わる度に引っ越しをされる方もいらっしゃいますが、それはある意味正しい選択です。引っ越すことで、「恋愛がうまくいかなかった」という思い出のある部屋から抜け出して、新たな環境を手にすることで、また素敵な恋愛ができる。恋愛以外でも、まったく同じことが言えます。

人生がうまくいかずに苦しんだ記憶が溜まった部屋から抜け出して、新しい思い出がつくれる部屋を探しにでかけましょう。

第2章

住んだ後楽しく幸せになる不動産屋との関わり方

契約第一の不動産屋と正直な不動産屋

不動産屋に対して、「騙されそう」とか「悪い物件を紹介されそう」とか、あまり良くないイメージを持つ人は少なくありません。そして、このイメージ、残念ながらさほど間違っていないのが今の業界の現実です。

不動産屋の営業マンは、ノルマを抱えています。いかに少ない内見数で、いかにたくさん契約を取るか……それが、目的であり、そのためのスキルを日々磨いているわけです。

僕も、昔は、都内に数店舗を構える賃貸仲介業の営業マンで、常にトップを走っていました。当時の僕は、お客様にとって部屋探しがどれほど重要な意味を持つのかなどまったく考えず、とにかく効率重視。お客様をお金としか思っていない時代がありました。

当時、20代半ばの女性のお客様に、洗濯機が置けない部屋をご紹介したことがあります。いったん入居の申し込みをされたのですが、「やっぱり洗濯機が置けないのは」とキャンセルのご連絡が入りました。

僕はそのとき、営業成績のことで頭がいっぱいで「洗濯は週に2、3度。このビルの一階にコインランドリーがあるから問題ないですよ。それよりも、この物件は駅からも近くて絶対にいい」とほぼ押し切るように説得してしまったのです。

今、考えても申し訳なく思うのですが、不動産の仲介会社に勤める営業マンの多くは「お客様のために物件を探し出している」のではなく「いかに効率よく契約を取ってノルマを達成するか」を考えています。

そして、残念ながら、僕がこれまで17年間現場で見聞きしてきた肌感覚としては、9割くらいはこういう営業マンで成り立っています。

もちろん、すべての営業マンがそうであるというわけではありませんし、僕らは今、その不動産業界を根底から変えるべく、同業者で活動をはじめています。

日本賃貸仲介協会という組織を立ち上げて、本当にお客様の人生を輝かせるための部屋探しができる業界へと、なんとか、一石を投じたいと頑張っていますが、なかなか前に進みません。長い歴史の中で築かれた業界の風習、風土というのは、なかなかに変化を嫌うもの。

現在、物件数が有り余っているはずの借り手市場の日本で、居心地の悪い部屋に住んでいる人の方が圧倒的に多い理由……。そこには、いかに契約させるか、を基準にしたテクニックがあることで説明がつきます。

不動産業界の現状をもう少し知りたいということであれば、ビッグコミックで連載中の漫画「正直不動産」（大谷アキラ作）を読んでみてください。

元々、本当にひどい営業をしていた不動産の営業マンが、あることをキッカケに嘘をつけなくなり、本音のまま仕事をするという漫画なのですが、不動産業界の闇を赤裸々に開示しつつ楽しく描かれています。不動産で騙される人を減らしたいという思いがある漫画です。

漫画の中では「部屋が相場に対して安すぎるのには必ず理由がある」という、その理由を暴いたり、一般の人が理解するのは難しい「穴」が仕込まれた契約書の内容を指摘したり、「正直者が損をする」と言われる不動産取引の闇をどんどん暴いていってくれます。

読み応えのあるストーリーで、不動産業界や取引、営業マンの口車がどのようなものか、ということもしっかり学べます。

中には「えええ、こんなことが本当に行われているの?」と思うようなこともありますが、書いてあることはかなり実際の業界の闇を暴き出していると思います。

実は、この漫画がスタートした後で「リアルに主人公のような営業をしている不動産屋がいる」と聞いた著者の大谷アキラさんが、事務所を訪ねていらして、僕のエピソードを漫画の中にも掲載してくださっています。そして僕は「正直不動産」が、世の中に増えていくことを切に願っています。

おとり物件にひっかからない

「正直不動産」にも出てきますが、賃貸物件を探すときにまず気をつけてほしいのが、おとり物件です。これは、言葉の通り「おとり」であって、実在しない物件やワナのような物件のことを指します。

賃貸のインターネットサイトなどに掲載されている、駅近で、格安で、日当たりもいい、というような、ちょっとよさげな物件を見て、不動産会社に問い合わせてみると、すでに申し込みが入っていたり、契約が終わっていたりする状態になっている。

そこからは、営業マンに言われるままに物件を紹介され、営業マンにとって都合の良い物件をあてがわれ、契約させられることになるのです。

僕は今、仲間たちと、このおとり物件がなくなるよう、さまざまな場所で声をあげています。なぜなら、このおとり物件、かなり罪深い。

フェイスブック上で「彼女いません」とか「独身です」と言っていたのに、会って、きちんと聞いてみたら「実は結婚してます」というのと同じくらいに罪深いのです。もう、はっきり言って詐欺行為だからです。

さすがに最近、不動産業界も重たい腰をあげて、「おとり広告」の排除に乗り出しました。その記事が朝日新聞に出ていて「やっと動き出したか。遅いわ！」と思ったのですが、その記事によれば、２０１７年度、大手不動産情報サイトでは、大阪で全国最多の５０３件のおとり広告が見つかったほか、兵庫で１９８件、京都では54件あったそう。

これ、氷山の一角でしかありません。

もちろん、業界の言い分として、お申し込みされた方がキャンセルされるかもしれないので、サイトへの掲載が消せない、というのもわかるのですが、これでは、お部屋を探すお客様を何度もがっかりさせてしまいますし、さらに時間を無駄にすることになります。

実は先日僕も引越しをしたのですが、部屋探しの際に、妻はなぜか僕に頼まずに（僕、なかなかいい物件を探すと言われている不動産屋だと思うのですが（笑））サイトで物件探しに精を出していました。僕はさすがに、物件写真をみるだけでおとりかどうかわかるので、何度妻に「あ、それ、おとりだよ」と伝えたことか。

僕のお客様が、インターネットサイトで見つけたという好物件も、だいたい2割はおとり物件。不動産業界の人間だけが入れる検索サイトでチェックすると、2、3割はない！　のがもはや普通ですし、中には持ってこられた物件11件中11件全滅ということもよくあります。

「まだ、ここにない、出会い」は大歓迎ですが、業界にはびこる「もう、すでにない、おとり」はノーセンキューです。

おとり物件の見分け方

□ 好条件すぎる

不動産の価格は、相場から大幅に外れることはありません。
大幅に値崩れしているものは、事故物件やおとり物件の可能性があります。

□ ネットの更新日から1カ月以上経っている

建物名や住所の詳細が記載されているかどうか、更新が滞っていないかを確認しましょう。

□ 現地待ち合わせで内見できるかどうか

不動産屋に問い合わせした際に「まずはお越しください」という曖昧な回答をする場合は来店させる手口であることがあります。

□ 敷金・礼金がゼロ

引っ越しの際、初期費用を抑えたい人の目につく「敷金・礼金ゼロ」の文字。これもおとり物件であることがあるので注意が必要です。他に保証金などが付いてないか確認しましょう。

□ 路面店の不動産屋に掲げられた看板

看板に掲載されている物件は好条件のものが多いのですが、自社で簡単に出せる分、おとり物件の可能性があります。

ほんと、お客様の時間を無駄にし、傷つけてしまうこのおとり問題は、深刻なのですが、見分け方がいくつかあります。

まず、非常に魅力的な物件で即入居可なのにネットの更新日から1カ月も経っているような場合。また、周囲の物件より明らかに「家賃が安い」「敷金・礼金がゼロ」「広い」などの物件は「おとり物件」の可能性があります。

また、問い合わせをした際に「とりあえずお越しください」というような曖昧な回答も怪しい。行ってみると「この物件はもうすでに決まってしまいました」とか「入居審査や大家さんがやたら厳しい」などと嘘の理由を告げられるオチが待っています。

おとりを使ってお客様を呼び込む会社ですから、そこからは怒濤のように営業されることになります。

「仲介料無料」の罠にはまらない

少しでも引っ越しの初期費用を抑えようとして、仲介料無料や半額の不動産屋に足を踏み入れたとして、そこで紹介される物件はほぼ、大家さんからの広告料つきの物件です。

不動産仲介業が、仲介手数料を取らずに成り立つのには理由があります。駅から少し遠かったり、線路の近くだったり、何かしらデメリットのある物件には、大家さん側から、半月分〜2カ月分の広告料（貸主が仲介業者に支払う報酬）がつき、契約を決めてくれたら、大家さん側から不動産会社に入るというしくみです。

仲介手数料に家賃の1カ月分が設定されている会社であっても、広告料つきの物件ばかりを紹介する仲介業者も少なくありません。

さらに厄介なのは、なにも問題がなくて良い物件に広告料がついていることもあって、「デメリットが多いから広告料がついていてやたら紹介される」ものと、「早く埋めたいから良い物件でも広告料がついている」というものが混在していること。

だから、良い物件を見つけるにはまず自分の目を肥やすことと、良い営業マンを見つけること。これに尽きます。

では、自分で不動産屋を探す場合、どうすれば信頼できる営業マンに出会えるのかというと、周囲の人に、

「信頼できる不動産屋さんいない？」と聞いてみること。

これが一番確実です。

多くの人は、引っ越したいエリアの不動産屋さんを訪れることが多いので、一度引っ越したときにお願いした不動産屋の営業マンに、次回もお願いするということは少ないはずです。

周囲に「いつもこの人にお願いしている。いい物件を探してくれて、親身になって

紹介してくれるから」という人がいるのであれば、まず、その人に会ってみましょう。

また、どうしても見つからないという場合で、「どれだけ部屋の条件を設定していっても、不動産屋さんのいいなりになってしまいそう」という人は、あなたのことを思ってくれて、押し切られない性格の人と同伴で不動産屋まわり、内見にいくことをおすすめします。

また、賃貸物件に住んでから、設備や同じ物件に住む人との問題があった場合に対応してくれるのは、仲介してくれた不動産屋ではなく管理会社となります。仲介をお願いする不動産屋だけでなく、物件の管理会社の対応もしっかりチェックしておきたいところです。

身なりがきちんとしているかどうか

僕が出演させていただいている「有吉ゼミ」の別荘探しのコーナーでも散々突っ込まれていますが、僕、真夏でもきっちりスーツを着ています。

お客様に「すごい、汗出ないんですね」と感心されることもあるのですが、これを何年も続けてきたせいか、いつの間にか顔には汗がでなくなり、体には少しかくくらいに調整できる体に進化してしまいました（笑）。

僕がスーツを着続けている理由、それは、元アパレル業界人でおしゃれにはただならぬこだわりがあるから！　ではなく、お客様への敬意と、内見先で、管理会社さんや大家さんに出会ったときのためです。

僕は、内見先で出会う、住人の方や大家さんの雰囲気や服装なども何気にチェックしているのですが、それらは、これからその場所に住むお客様にとってもとても重要な情報になります。

エントランスやエレベーターで出会った時、ほんの少しの時間でもお互いに、気持ちよく過ごせる方がいい。

そして、やっぱり人は見かけで判断するのです。

不動産屋の印象は、そのままお客様の印象でもあります。不動産屋が連れてきたお客様にも、なぜか、イメージが転写されてしまうから、僕はスーツにこだわり続けているのです。

不動産屋を選ぶときは、ぜひ、

暑くってもスーツを着ているくらいきちんとした営業マンを！

そういう営業マンはあなたのことも、きちんと考えてくれるはずです。

デメリットを自らきちんと伝えてくれるか

僕は一度内見した部屋のことを、ほぼ覚えていません。

なので、偶然、前に内見した部屋に行ってしまうこともよくあります。

お客様と内見に行くときはいつも、僕自身が部屋を探すつもりで、新鮮な気持ちで部屋をチェックしていきます。

「窓は大きくていいですね」というようなメリットはもちろん、「ロフトの天井が低すぎるからここで生活するのは圧迫感がありますね」というようなデメリットもすべて、お伝えしています。

いい部分はお客様もだいたい気がつかれるのですが、悪い部分はプロでないと気がつかないことも多いので、粗探《あらさが》しとまではいきませんが、考えうるすべてのデメリットは探し尽くし、伝え尽くします。

そして、お客様がよくても僕はなかなか「この部屋にしましょう！」と言いません。お客様がその部屋で、幸せに生活している絵が浮かばない限りは、契約には進まないのが「誠ルール」です。

あまりに僕が「ここはよいです」と言わないものだから、「ここでよくないですか」と言われることもあるのですが、僕は妥協しません。次に住む部屋がお客様の人生を変える大切な場所だとわかっているからです。

不動産屋を回るときは、その営業マンがきちんと、誠意を持って、デメリットも伝えてくれているかどうかチェックしてください。

もしも、いいところしか伝えてくれない営業マンだったら「もしあなたが住むとして気になる部分、5カ所あげてもらえますか？」なんて、意表をつく質問をしてもいいくらいです。

とはいえ、営業トークとして、デメリットをたくさんあげてから内見に出向き「あれ？　そんなに悪くない」と思わせるというテクニックもありますから、一番大切にしてほしいのは、やはり部屋に入ったときの自分の感覚です。

ＶＲは便利だけど、それだけで決めるのは怖い

最近は、インターネットである程度の情報が取れるようになった分、不動産業界は店に足を運んでもらうための策を講じるようになりました。

現在国内の不動産１０００店舗が導入しているといわれる動画やＶＲでの内見はさらにその上をいっていて、もはや来てもらわないまま決めてもらおうというくらいの空気を感じさせられます。

もちろん、動画は写真よりも部屋の雰囲気がわかるので、参考程度にチェックする分にはよいのですが、内見できる物件を直接見ずにＶＲだけで決めるのは危険です。

もちろん、遠方で部屋を探す時間がないとか、すぐに決めなくてはならない事情がある場合は、ないよりは参考になると思いますが、契約したあとに、実際の部屋と違う、建物の雰囲気がよくない、というトラブルが起きる確率は当然高くなります。

結果的に、洋服の通販のようには返品できず、解約料まで払い、次の部屋を探す時

間、それにかかる諸経費など、代償を負うことにもなりかねません。

何より新生活への期待が薄れ、大切なスタートで気持ちが折れてしまうのはもったいない。

現地に行かないとわからないことが必ずあります。

隣に変な人が住んでいたり、近隣の飲食店のにおいが常にしていたり、両隣の住民が喫煙者だったり、駐輪場やゴミ箱が汚かったり、向かいの1階のお店の人が常にご近所さんを監視していたり、バルコニーから見える民家の庭で裸のおじさんが金属バットで素振りをしていたり、エントランスや廊下が暗かったり……それらを無視して部屋を契約するのは基本的にNG。

たとえば、これを出会いだと考えてみてください。出会い系アプリやサイトで出会った人のプロフィールや写真が気に入ったからといって、実際に会ってもいないのに結婚を決めてしまうなんてことはありませんよね。

お相手の写真とプロフィール、動画がいい感じだったとしても、いざ会ってみると、服のセンスがダサかったり、体臭がすごかったり、箸がちゃんと持てなかったり、食べ方が汚かったり、そもそも、生理的にダメだったり……そういうことが起こりうるのです。

これからもVRの技術は進み、それで契約する人も増えてくるかもしれませんが、部屋探しは就職や結婚と同じくらい人生の一大事。ぜひ、五感、さらに六感までをフル回転させて、現地で自分の未来の部屋をしっかりすみずみまで確認してください。

疑問があったらすべてクリアにする

おとり物件はちょっとずつ減っているようですが、まだまだ仕事をしている上での疑問はつきないのが現在の不動産業界。

僕が普段疑問に思っていることを書き連ねると、かなり問題山積みです。

・保証会社をつけているのに保証人もつける（保証料も借りる側が払う）
・更新料が家賃の1・5カ月分（家賃は相場通りで安くない）
・礼金はないものの保証金があり全額償却（別途クリーニング代があるので礼金と全く変わらない）
・消火器・除菌消臭代は必須
・解約予告は部屋を出る2カ月前にする
・新築なのに鍵交換代

・契約時に、不動産屋の都合で申込書の書き直しをさせる
・内見立ち会いで、管理会社さんが先に来てくれているものの、鍵も窓も開けず、スリッパも用意していない

解約予告2カ月前については、入居者さんからしてみると、新しく物件が決まって審査が通過して解約届を出しても1カ月以上家賃がダブりますよね。

だからといって、解約を伝えてから家を出る直前に物件を探すのは、リスクを伴うので、本来、不動産屋への解約予告が2カ月前必須なら、新居の申込みをしてから家賃が発生するのも1カ月先というのが、お客様に平等な対応ではないでしょうか？

このように、今の不動産業界は、突っ込みどころが満載なのですが、業界のことを知らない方にとっては、「そういうものなんだ」と思ってしまいがち。疑問に思ったら、ぜひ聞いてください。そして、交渉できる部分はしても構いません。

ただし、現在の不動産業界の現状では、交渉しても変わらないことがほとんど。これを同じ志を持った仲間たちと一緒に変えていくのが、僕の仕事でもあります。

悪徳不動産屋のチェックポイント

不動産のイメージが悪いのは、イメージだけでなく、本当に詐欺まがいの不動産屋が多いから。これを撲滅《ぼくめつ》するために僕はこれからも邁進《まいしん》していくつもりですが、実際、結構ひどい話も聞きます。

たとえば、以前、ある友人から「○○○っていう不動産屋、大丈夫だろうか」という相談があり、話を聞いてみると、その友人の友人が、不動産サイトをみて不動産屋へ問い合わせて内見の依頼をしてみたところ、こう言われたというのです。

「内見の前に預かり金が必要なのでお金をおろしてきてください。契約に至ったら、それが契約金の一部となりますので」

内見にも行っていないし、申し込みもしていないのに、預かり金？

「業法違反の前にそれ、詐欺でしょ」と僕は友人に伝えましたが、こういう不動産屋に素直に従ってしまう方は少なくありません。

悪徳不動産業者にひっかからないチェックポイント

- □「信頼できる不動産屋の営業マン知らない?」と聞いてみる。
- □ 身なりや言葉使いがきちんとしているかどうか。
- □ デメリットをきちんと教えてくれる。
- □「あれ?」と思ったポイントを伝えたときに真摯に対応してくれる。
- □ 内見前なのに「預かり金が必要」というような不動産屋は要注意。

一人で部屋を探しにきた大学生の女性に、内見で見せた部屋と違う部屋を契約させせようとするような不動産屋もあります。

「悪徳不動産」というと、聞こえが悪いのですが、インターネットを使って巧妙に情報を操作して、お客様を呼び寄せて契約につなげるという流れは止まりません。

引っ越し慣れている人は、おとり物件や悪徳な手口に引っかかりませんが、多くの人は「引っ越させるプロ」には太刀打ちできずに失敗し、お金や時間を浪費してしまいます。

経験がないことは、経験がある人の知恵を借りること。引っ越しにも同じことが言えると思います。

第3章

意識を変えて人生を変える部屋探し

いい物件を見つけるのに景気や季節は関係ない

よく「引っ越しするならやっぱり、物件数の多い3月がいいですか？」と聞かれることがあるのですが、僕の経験上、部屋探しに季節は関係ありません。むしろ、物件は年間通じて一定の数だけあります。

「梅雨の時期だと雨が多いですし」「夏は暑いから早めに」というのは、あくまでも、すぐに契約が欲しい不動産会社都合の営業フレーズです。

それよりも、「必要なときに必ず必要な部屋へ引っ越す」という決意の方が大切です。その決意さえあれば、季節は関係なく、ベストな部屋が見つかります。

むしろ、2月・3月のいわゆる引っ越しラッシュに巻き込まれると、僕でさえ、「今申し込まないと、この部屋はなくなっちゃいます」と言わざるを得ないことがありますから、この時期を避けてもいいくらい。

世の不動産屋さんだと、この時期は、出た物件は横に流すように、内見をしなくても決まっていくような時期ですから、営業マンも語気を強めてくるはずです。

この時期に物件を探す人は、営業マンから焦《あせ》らせられても、しっかりと自分の部屋を探す目的を見失わないようにしてください。

賃貸は年間を通じて一定数、空き部屋はありますし、毎月、部屋はでてきます。シーズンにこだわるよりも、やはり、自分のなかで「この部屋がいい」と思える部屋を選ぶことが大切です。

自分の性格、生活スタイルと相談する

普段マメに手帳をつけたこともない人が年のはじめに「今年こそ！」と、気合を入れて、1日1ページの手帳を購入して三日坊主だったり、「1日5分でできる○○」という本に感動してはじめてみたけど、面倒で続かなかったりすることってありませんか？

逆に、続けられることって、にわかに決意したことではなく「楽しいから、ついやっちゃうこと」です。

僕は毎朝15分の掃除や週一のキックボクシングなどを続けていますが、ルーティーンにしていることって、まったく苦ではありません。逆に、ルーティーンとして自分の人生に取り入れることについては、かなり吟味します。

これ、実は、部屋探しにも同じことが言えるのです。

特に、上京して初の一人暮らしの場合は熟考すべきポイントかもしれません。

新しい生活で理想の自分を実現させたいあまり、組み込めないルーティーンを設定すると、生活が不便になることもあります。

「これを機に、毎日歩く生活をしようと思うので、駅から遠くても広くて家賃の安い部屋で」と言っていた方が、数年後にまたお部屋探しにいらして「毎日タクシー使うようになってしまって……それなら、その分家賃が高くても、駅近がいい」となる。

また、けっこう多いのは一口ガスコンロ問題です。

「せっかくだから、料理したいので、ＩＨではなくガスで。一口だと料理できないので二口は絶対」と言っていた方が、次のお部屋探しでは「全然料理しなくて」と言われていたりする。

以前から朝寝坊が多くていつもギリギリに家を出る人が、最寄りの駅まで15分あると「歩くのを日課に」なんて思えなくなります。

以前から料理を楽しんでいない人が「せっかく一人暮らしだから料理を」と、二口ガスコンロに執着して、他の物件を棒に振ってしまうことになるのです。

でも、早朝マラソンをやっている人は毎朝駅まで15分歩いても平気でしょうし、お菓子づくりが何よりものストレス解消だという人にとっては、やっぱり二口ガスコンロが必要でしょう。

だから、希望の部屋を考えるとき、「それ、本当にいる？」って、自分に聞いてみてください。

新しい生活は輝いて見えます。

真っ白なノートにはじめて文字を書くように、今までやらなかったことに挑戦したくなります。

実際、引っ越すと、新しいことに挑戦したくなったり、やりたいことが見つかったりすることも多いのですが、ここでいきなり自分がやりそうもないことにトライするより、興味のあることを増幅させる部屋を選んだ方が、新しい生活は輝きます。

「神社がすごく好きだから、神社が近いところに住みたい」

「本が大量にあるから、収納を重要視して部屋をすっきりさせたい」

というような、すでに好きなものをベースに譲れないポイントを絞り込むことの方が大切です。

だって、その方が楽しいし、ワクワクしませんか?

ぜひ、自分の性格や生活スタイルと協議してくださいね。

自分がどういう人なのか書き出してみる

部屋探しは人生探し、そして、自分を知ることでもあります。

では、どうやったら、自分が求めるポイントを明確にできるのか、というと、自分のことを表すキーワードを、思いつくままに書き出してみることです。

たとえば、僕の場合。

・茨城出身
・元自衛隊
・アパレル業界出身
・不動産歴17年
・完全紹介制
・海外にちょっとだけ住んでいた

・足は今でも速い
・キックボクシングをやっている
・仲間や周りに恵まれている
・保護犬と暮らしたい
・日本で一番内見している数が多い
・5時55分起き7時30分仕事スタート
・毎日玄関とトイレ掃除から仕事スタート
・朝起きてベランダから実家と太陽の方向へ挨拶
・感謝の気持ちを伝えることが大事
・強運体質
・気合が大事
・喜んでいただくことが好き
・三浦カズさんが好き
・深く考えることが苦手

- 直感でしか動かない
- 数字に弱い
- 長い文章が読めない
- そして頭に入ってこない
- 絵が下手
- 飲んだり寝たりすると大体忘れる
- 目を見ていい人かどうか感じる
- 1日と15日は氏神様に行く
- 部屋の気を感じとれる
- 18日に1回髪を切る
- 芸能人や著名人御用達の不動産会社を経営
- 真面目にみせている
- ホントはふざけたい
- グリーンカレーが好き

これだけでも、住みたい部屋はかなり絞り込まれると思います。

グリーンカレーのおいしいお店が家の近くにあるとか、キックボクシングのジムが近くにあるとか、犬を飼う時期によってはペット可物件を探すとか。

たとえば、僕のお客様で「いずれ、猫を家族に迎えたいからペット可物件にしてほしい」というお客様がいらっしゃいました。引っ越しを考えた時点では猫は飼われておらず、いつ飼うのかも決めてないと言われていました。

ペット可物件で、しかも猫が飼える物件は非常に少ないのですが、最終的にメゾネットタイプの猫が喜んで走り回れそうな部屋をご紹介することができました。

その3カ月後、お客様から猫の写真が送られてきました。

「運命の出会いがあって、保護猫を引き取りました」と、笑顔が見えるようなメッセージ。僕もうれしくなったのですが、ペット可物件にしていなければ、不動産屋や大家さんに隠れてこっそり飼いながら、急いでペット可物件を探すとか、その猫については諦めるということになっていたかもしれません。

ちなみにこのお客様、部屋探しをされている当時は「忙しくて料理ができないので、キッチンが狭いのは気にしない」とおっしゃられていたのですが、最近は仕事にゆとりもできて、愛猫と過ごしたいために家にいることも多く「次はキッチンが広い部屋がいい」とのこと。

猫が飼える部屋をテーマに、広いキッチンを切り捨てていたわけですが、猫との生活や仕事の変化を経て、前回までは必要のなかった条件が自然と生まれてきているようです。

これはステップアップにとても大切なこと。

今は、何が必要か。そして、これから何が必要か。もっと先には……必要な空間を自分に与えていくこと。それが、賃貸を通じて幸せになっていく秘訣です。

だからこそ、「この条件だと見つかりにくいだろうから、今回はあきらめる」とか、「無理をして部屋に合わせて変わろうとする」のではなく、自分にとって必要なものを部屋探しの条件から絶対に外さずに探すことがとても大切。

だから僕は、お部屋探しの前に必ず1時間以上の時間を取って、お客様と話し、お客様のことを知り、お客様の未来に合う部屋だけを狙って探しているのです。

これから部屋を探す方はぜひ、部屋探しの前に、「自分に必要なもの探し」をしてみてほしいと思います。

「好きだー！」というものに囲まれる生活をするために、自分を可視化してみてください。

人生で成功したいなら「住所」を侮らない

僕の長い友人で起業家の春明力《はるあけちから》さんの部屋を探したときのこと。彼には以前から「いずれ、恵比寿に移るからそのときはよろしく」と言われていました。

そして、満を持して王子の自宅兼事務所を引き払って恵比寿に来る決意をしたんだな、と思っていたら「場所は、恵比寿か、目黒で探して欲しい」という希望が。なので、僕は目黒は一切無視して、恵比寿だけで探しました。

僕が目黒の物件を一切出さないので、春明さんから「あれ？　目黒はないの？　目黒でもいいよって言ってたよね」と聞かれましたが、「ずっと恵比寿でやりたいって言ってたのに、ここで目黒にしたら後悔しますよ」とだけ伝え、それからも一切探しませんでした。

実はこれがとても重要なことなのです。

住所には力があります。いわば「住所力」。

たとえば「いずれは、六本木で住所で会社を起こしたい」という思いがあるのなら、できるだけ、ダイレクトに六本木へいくことをおすすめします。

夢を抱いた若者が「いつか上京したい！」と思いながらも「いきなり東京は恐れ多いから、まずは地方都市を経由して」とやっていたら、いつまでたっても上京などできません。

さらに、地方から上京される方の中には、自分の夢をかなえる場所として東京を選ぶこと自体に及び腰になる方もいますが、すでに東京に住んでいる人から見れば、「え？　すぐに来ればいいじゃん」というくらいのものだったりします。

そして、都道府県ごとの文化や県民性について伝えるバラエティ番組があるように、その土地には、その土地特有の文化があって、食べ物があって、人がいて、県民性を生み出していますが、これは、もっと絞った小さな単位でも同じで、そのエリアにはそのエリアの独特の空気感やアイデンティティが必ずあるわけです。

春明さんの部屋探しも、それがあったのでまったくぶれることなく、しばらくして恵比寿で「ここしかない」という物件が見つかり、僕も春明さんも大喜び。

さらに、ご自宅を目黒でお探しし、結果的に目黒と恵比寿を堪能されているようです。本も出版され、事業も拡大し、家族との幸せな姿をＳＮＳで見る度、僕もエネルギーをいただいています。

何かで成功したいと思うなら、それにぴったり合った、すでにあなたのその目指す高みにいる人たちがいるエリアへ引っ越してしまうこと。

憧れのエリアには、憧れる間があったらすぐに行ってしまうこと。

今すぐにそれができないなら、ちょくちょくその街へ足を運び、「1年後にはここに引っ越す」と明言してしまうこと。

そうすれば、そのエリアにいる人たちや土地のエネルギーがものすごい追い風となってあなたを応援してくれるはずです。

３００万部超のベストセラーで映画化もされた「もし高校野球の女子マネージャーがドラッカーの『マネジメント』を読んだら」の作者の岩崎夏海さん。

岩崎さんは、「最大の引越（変化）は30代の後半で、東京の日野市から渋谷区に引っ越したことだ。これで人生が変わった。師匠である秋元康さんのもとを独立するきっかけにもなったし、『もしドラ』を書くきっかけにもなった。再婚のきっかけにもなった。それもこれも、全てはこの引越から始まったのだ」（岩崎夏海ブログ「ハックルベリーに会いに行く」より）と書かれています。

引っ越しは人生を変える最大のツールです。

自分が望む人生は、そのエネルギーを持つ土地へ引っ越し、あなたの未来にふさわしい部屋を手に入れることにより、かなってしまう。これが真実です。

住む部屋次第で年収は2倍になる

収入アップして仕事で成功したい。

そう思うとき、どういう部屋を選ぶべきかというと、ズバリ、自分がなりたい人が住んでいるエリアを選ぶことです。ある意味、収入は、能力や業種よりも住むエリアによって変わると言えるのです。

とはいえ、いきなりジャンプアップして払えるかどうかギリギリの家賃を払おうとするのは、大きなプレッシャーになりますよね。やりたいことを我慢することにもつながります。

もちろん、ワンランク上の自分を先取りするのは大切ですが、いきなり周囲に大富豪ばかりいるエリアに住むと、その人たちと同じ感覚で散財してしまう傾向があるようです。

その土地の人々と融合してエネルギーを得て、成功するまでのワンステップにし、ランクアップを繰り返す方が、その土壌に慣れ、その器になっていけるような気がします。

ある女性のお客様がいらしてこう言われました。

「しばらく仕事をセーブしていたのですが、そろそろ、本格的に現場復帰をしたい。でも、そのためにはなんか、そのための部屋が必要な気がして」

フリーランスでクリエイターをしているそのお客様のお話を聞いてみると、以前、友人と一緒に事業を起こしたのはよかったものの、折り合いが悪くなり、仕事もうまくいかなくなったとのこと。

結局自分だけがその会社を抜けて、「とりあえずどこでもいいから駅が近くて便利がよくて安いところ」で引っ越したのが、今の部屋だということでした。

その部屋では、会社を抜ける際の対応でとてもつらかったという思い出しかなく、とりあえず引っ越したこともあり居心地も悪く、ここで心機一転、気持ちを切り替えたくて、部屋探しにいらっしゃったのです。

「今住んでいるエリアが気に入っているので、部屋だけを変えます」というご希望で、同じエリアで探したところ、その方の強い意志もあってか、その場で理想の間取りが見つかり、翌日内見。吹き抜けで天井も高くて天窓のある、なんとも明るい一室でした。気もよく、僕もお客様も「ここだ！」と大喜び。

その方はその部屋で、引っ越しを機に次々と新たな仕事が決まり、年収が前年の2倍になり、そろそろ都内に引っ越しを検討しているとのこと。

「不思議と、人生が好転していくと、もうこのお部屋はどなたかに譲ろうという気持ちになってきて」とお客様。

次の部屋がどういう部屋になるのか、一緒に探す僕も楽しみにしています。

恋人を呼べる部屋に住んでいますか？

恋愛を成就させ、幸せな結婚をしたいなら、まず、彼や彼女がいようといまいと、「恋人を呼べる部屋」に引っ越すべきです。

未来を見据えた部屋探しのためにお話を伺うと、

「私、男運のない『だめんずウォーカー』なんですが、もうつらい恋はいやなんです」

「僕も、いずれは結婚したいと思っていますが、今の所得ではとてもじゃないけど無理だなと思います」

というように、行き詰まっている現状について話されることが多いのですが、僕の部屋探しの経験から見て、素敵な彼氏や彼女ができないのは、今の部屋のせいかもしれないというくらい、部屋探しとパートナー探しは密接です。

僕の周辺には、引っ越したらすぐに彼氏ができた、収入が増えて素敵な彼女が見つかったという例が後を絶ちません。

たとえば「ハリウッド式ボイトレ」をベースに、ボイストレーナーとして輝き続ける金丸明日香さんが、まだ、都内ではなく横浜で活動されていたときのこと。紹介でお越しになり、これから本格的に都内で活動するというときに部屋探しをご依頼いただいたのですが、彼女も自称「筋金入りのだめんず引き寄せ女子」でした。

僕は「では、素敵な方と出会って結婚できる部屋、仕事でも成功できる部屋を探しましょう」とお伝えし、部屋探しをスタート。ほどなく僕も金丸さんも「ここがいい！」と思える部屋が見つかり、都内に引っ越しされました。

そこで僕が設定した部屋探しの「誠ルール」は、

「彼（彼女）を呼べる部屋を探す」

ということ。今、彼や彼女がいたとしても、いなかったとしても、幸せな結婚のための部屋探しで外せないことはこの1点です。

もし、女性が一人で部屋探しをされる場合、建物の外観、住んでいる人、間取りやエリア、そのすべてにおいて彼と過ごす前提、「彼を家に呼んだら、どんな週末が過ごせるか」を考えながらチェックすること。

料理好きな人は手料理を振舞いたいでしょうし、ゆったりと映画が観られるリビングも必要かもしれません。暗くてじめじめした部屋に出迎えられるよりも、明るくて気持ちのよい部屋に足を運ぶ方が、彼のあなたへの印象もよくなります。

そしてここでもやっぱり重要なのは部屋の気です。彼と過ごす時間が心地よいと思えるかどうかは、部屋の持つよい気にかかっています。

もちろん、それがすべてではありませんが、居心地の悪い部屋に住み、そこへ恋人を招くと、なぜか、喧嘩が増えるのは僕自身も自分の経験から実感していることです。

ちなみに前出の金丸さんですが、引っ越し後、あっと言う間に事業は波に乗り月商7桁を超えて法人化。素敵な出会いがあり、その彼との結婚が決まりました。

お二人の新しい新居もご依頼いただきました。その際は「家族みんなが一緒に幸せになれる家」を念頭に探させていただきました。今では、自身の本も出版され、一児のママとしても幸せそうに暮らしています。

もちろん、この部屋探し恋愛術は、男性にも同じことが言えます。

男性の場合は、断然駅近の物件がおすすめ。彼女が遊びにくるのに、駅が遠いとくる回数が減りがちですし、外観やエントランスにも気を遣います。

女性が未来のパートナー候補として男性を選ぶときに、きちんとした印象を与えるとしたら、やっぱり部屋が重要です。これから一緒に住むかもしれないと考えたとき、女性から見て、高級ではなくても、清潔感があるかどうかはとても大事なチェックポイントになります。

また、男性の場合は「狭くてもいいし、一口コンロでもいい」と言われる方が多いのですが、彼女ができることを前提で、住む部屋を考えた場合、「彼女の手料理が食べたい！」「僕の手料理を食べさせたい！」のなら、やっぱりキッチン周りについては考えておくこと。週末ゆっくりと部屋で過ごしたいのなら、狭くて暗い部屋はナンセンスです。

なぜ、ミュージシャンは下北沢に住むのか？

夢を持った貧乏少年が、じめじめした狭い部屋で「いつかは自分も大成功して、高級住宅地に住むぞ！」と言いながら歯を食いしばって頑張る……。僕は元自衛官なので、この手の気合と根性の物語は大好きなのですが、成功するためにどうせ頑張るのなら、いい部屋に住むのが先。

自分が成功したい分野のエネルギーが詰まった街に住むことです。

たとえば、ミュージシャンなら下北沢や高円寺など、ギターを背負って歩くライバルや憧れのミュージシャンも住んでいるような場所で、その空気を感じながら、同じ行きつけの場所を持つことです。

ある作家さんは、書いているテーマに応じて、舞台としてイメージしている街のホテルに缶詰になって原稿を書くことがあるそうですし、ある俳優さんは、本気で演劇の勉強をするために、しばらくニューヨークに留学されるとか。

本場のエネルギーを受け取れる場所に自分の身を置くことで、そこに渦巻く独特な空気感を取り込み、成功している人を間近で見ることで自分の未来を明確に思い描くことができます。

これは、何も、アーティストやミュージシャンに限ったことではありませんが、表現を仕事にしたい人や特殊な才能を求めている人の場合は、特に、住むエリアから受ける絶大な追い風を受けない手はありません。

家族の幸せのためなら引っ越しは躊躇しない

僕がお部屋を紹介した人の中で、人生がよい方向へ向かわなかったという人は、僕が知る限りいないと思っています。

逆に、ほとんどのお客様はフェイスブックやＬＩＮＥでつながっているので、いつも、楽しそうに、幸せそうに暮らすお客様の様子を伺いながら、日々元気をいただいています。

そのくらい、お客様のご家族が幸せになっていくことを考えた部屋選びをしているという自負があります。

マンションや家を購入した後で、隣の家の人が汚部屋の住人だと気づいたり、騒音などで悩まされたりという例は、後を絶ちません。最悪殺人事件に発展してしまうほど、環境は人に影響を及ぼすのです。

また、生活エリアの環境は、大人よりも子どもの方が大きな影響を受けます。これ、本当に重要視するべきポイントです。

子どもにとっては、住んでいるエリアが世界の全てであって、隣の家の人、同じマンションの住人は影響を及ぼします。

昔のように、地域のコミュニティがあって、となりのおじいちゃんが子どもを見守ってくれたり、悪いことをしたら怒ってくれたり、という環境であるなら良いかもしれませんが、そんな場所も珍しくなりました。

スウェーデンやアメリカの大学の研究チームが行った、次のような研究があります。

約55万人の子どもを対象に10年以上にわたって、子どもにとって、家族と近隣の人々の影響がどれほどあるのかについて調査したものなのですが、調査対象の子どもたちのうち、3万人近い子どもに精神疾患の徴候がみられ、そのうちの5％は隣人が原因だという結果が出ています。

たった5％……でも、隣人が子どもの精神状態に5％も影響を与えているなんて、衝撃ではありませんか？

僕はこの感覚、物件探しの現場ですごく体感しています。

特に、隣のベランダに、ゴミやタバコの吸い殻が置いてある部屋は絶対に紹介しません。

空室の多いマンション、両隣の住人が感じ悪そう、大家さんが厳格など、お子様が健やかに過ごせないと思ったら、お客様に有無を言わさずに「ここはダメです」と、僕がバッサリお断りしているのです。

だから、もし、戸建てやマンションを購入したあとで、家族の体調が悪いとか、子供が学校へ行かなくなったとか、「なんだか、家族の様子がおかしいぞ」と感じるときは、「憧れのマイホーム」ですら手放して引っ越してみるということも、念頭に置いておいた方がよいくらい。

家族がバラバラになることを考えたら、そのまま住み続けることにはデメリットしかありません。

やりたいことは部屋が見つけてくれる

「やりたいことが見つからない」

そのことに悩んでいる人に振り返ってみてほしいのですが、居心地の良い部屋に住んでいますか？

やりたいことが見つからなくても、なんだかウキウキが止まらない。そんな部屋にまずは自分の身を置くことが大切です。

部屋を変えれば、否が応でもやりたいことは見つかりますから。

野球選手が野球の道具を武士の刀のように日々大切にし、いつでも最大限の役割を果たすようメンテナンスをし、グラウンドに毎日挨拶をして向き合い、自分の技術にも磨きをかけるのと同じで、「これがやりたい」と思うことがない人が自分の道具として、自分のフィールドとしてまず大切にする場所といえば、自分自身が起きて寝る部屋です。

引っ越しをし、新たな部屋でスタートを切るのは、親元を初めて離れて一人暮らしをはじめる大学生のように、新鮮な環境を自分に与えることができます。

「やりたいことが見つかったら、必要に応じて必要な場所へ行く」のではなく、新たな環境に身を置くからこそ、やりたいことが見つかる。逆転の発想をしてみてください。

引っ越すお金がなくてもできること

「人生変えたいなら自分の大切な部屋を探す」

そうは言っても、

「お金がないんです」

という人もいます。

まず、お金がないという場合、大学や新卒で東京や都会へ出てきてご両親が家賃を払っている場合、働きはじめて間がなく貯金がない場合、もちろん、僕がお手伝いする場合もやはり妥協する点は多くなります。

家計を圧迫してまで、理想の部屋を探す必要はありません。

とはいえ、その場合も、日当たりや居住している人など、重要なポイントだけは押さえておく必要があります。

その後、どうやっていい部屋に移り住んでいくのか、そしてどう人生を展開していくのか、その最初の布石となる部屋は、家賃に制約があっても最大限、妥協せずに選ぶ必要があります。

なぜなら、その部屋が人生の拠点となって、今後家を移りながら幸せになっていく道筋を照らし、必ず次の部屋に手が届くようなエネルギーを授けてくれるからです。

そして、今現在、不満のある部屋に住んでいる場合は、とにかく、今いる部屋の掃除を怠らないこと。

「次の部屋に移るまでは、この部屋を大切にしよう」

そんな気持ちで、ぜひ、可能な限りよい気がめぐるよう、心がけてください。

そして、次に住む部屋、次に住むエリアを、具体的に思い描くところからはじめてください。

「もっと、いい部屋に引っ越したいなあ」

「いつか、あそこに住めたらいいなあ」

では、いつまでたっても、お金は貯まらず、引っ越しも実現しませんので、住んでみたい憧れのエリアにあるホテルのロビーやカフェで、お茶を飲み、その土地の空気を先取りするのもおすすめです。よい気をもらいながら、引っ越し費用を貯める計画を立てるのです。

ただし、今住んでいる場所で、いつも風邪をひいていたり、気分がすぐれなかったりという場合は、運気も当然よくならないので、引っ越し費用なんていつまでも貯まらないかもしれません。

そういうときは、多少無理をしてでも引っ越すべきタイミングです。

最近は、引っ越し費用をクレジットカードで支払うことも可能ですし、また、新築でオーナーさんが早く入居者を決めたい物件など、狙いを定めれば敷金や礼金が抑えめでも気のいい部屋に出会うことは可能です。

「忙しい人」こそ引っ越しをするべき理由

では、「今忙しすぎて引っ越しをする余裕なんかありません」という場合はどうしたらいいのか、というと、忙しさを言い訳に人生を変えない選択をし続けている、つまり、忙しさを取り上げられるのを恐れている可能性もあります。

なぜなら、転勤で絶対この日までに部屋を探さなくてはならないというような場合、どれほど忙しい人でもどうにかして部屋を探すからです。しかも、そのときに見つかる部屋はミラクルによい部屋だったりします。

忙しすぎるから引っ越せないのではなく、引っ越しをしたくないから忙しいわけです。そこには、「忙しい」のではなく、それとは別に、何かしらの恐れや二の足を踏んでいる理由があるはずです。その多くは「環境の変化」を恐れている。

引っ越しが怖いと感じるのは、人生に大きな変化をもたらすから！

日本人はもともと、あまり引っ越しをしない文化があります。これには、日本人が定住型の農耕民族だったことも影響しています。

欧米の人は、自分の生活スタイルに合わせてしょっちゅう引っ越しをし、それによって人生を変えていくという、一種のワザを身につけているように思いますが、日本で引っ越しというと、転勤族の家などでない限りは、まだまだ「引っ越しは人生の一大事だ」と思うのが一般的です。

そこには、海外にはない敷金や礼金など、初期投資にお金がかかりすぎという不動産業界の問題も大いにあるのですが、日本人の感覚として、特に昔からそのエリアに住み続けている本家の人などは、定住こそが人生の基盤であり、安心の軸になっているように思うのです。

人はそもそも、慣れ親しんだ環境を変えることを嫌います。どんなに居心地の悪い場所でも、慣れ親しんだ場所から離れるということに、単純に恐怖心を覚えます。結果「今は忙しいから無理」という理由があるとホッとするのです。

また、以前僕のところにいらした方で、こういう方がいました。

「誠さんのところで部屋を探してもらうと、否が応でも、成功してしまうので、伺うのに覚悟がいりました！」

そう、人は、幸せになること、成功することに対しても、大きな勇気を必要とするのだと思います。

ですから「新しい部屋を手に入れれば成功できるとわかったけれど、忙しいから今は無理」と思うとき、自分に改めて聞いてみてほしいのです。「本当は何を恐れているの？」と。

地方からの上京組こそ妥協してはいけない

僕が、何十年もやっていても、必ず緊張する部屋探しがあります。

それは、地方から上京してくるお客様で、その日のうちに物件を決めて帰らなくてはならない方の場合です。

上京して人生を変える部屋を、5時間で決める。

人生を背負っているが故に、大きなプレッシャーを感じますが、そういう制約があっても「必ずいい部屋は見つかる」と信じて探している限り、必ず、いい物件が出てきます。

福岡から、転勤で引っ越される女性のお部屋を探したときもそうでした。

飛行機で飛んでいらして、そのまま内見をし、部屋を決めるという状況の中でしたが、「仕事も、恋愛も、良い形でスタートできる部屋」を念頭に集中して探したところ、夕方には無事部屋が決まりました。

その方は、今はウェブメディアの編集をしながら、新しい部屋で出会った彼と結婚。その後も、賃貸派のお二人のために、夫婦の部屋探し、子どもが生まれて子育てのための部屋探しをさせていただき、その度に、僕も幸せのおすそわけをいただいています。

あるお客様の場合も、11時に来店していただいて、前もって用意していた物件とヒアリングして探しなおした物件との4件を内見に行く予定でした。

でも、内見にいく前に、なんとなく「これは決まらないな」という予感がしたので、お昼休憩に出ていただき、1時間で再度物件を検索しなおしました。くまなく検索をかけて、少しだけ条件を調整し、新しく出てきた2件の物件。

「ここは来るかも」という予感がしました。

実際、内見した中でおすすめできる物件は、新しく出てきた物件のうちの1件だけでしたが、この1件を見つけることが僕の仕事のすべてです。

「もう物件がない」「これは見つからないかも」と思った限界から、さらにプラスアルファの動きは、必ず、お客様の喜びや感動につながる。

僕はそれをもう10年も経験しています。

「とりあえず、一時的に住む場所を探そう」とは思わないでください。

もちろん、100％希望に沿った完璧な物件はなかなかありませんから、わがままになりすぎて引越しの時期を逃すということがないとは言えないのですが、「しかたない」「ここでもいいや」という感覚で決定してしまうと、その後の人生に大きく影響が出ます。

なぜなら、その部屋からあなたの人生が動きはじめるから。

それが、3月の引っ越しシーズンだろうと、妥協があってはなりません。

「絶対に見つける」と決めて探せば、必ず、そのときのあなたに必要な物件は出てきます。

あきらめたら部屋探しも人生も終了ですよ

「全てのできごとは捉え方次第」

僕はそう思って日々仕事をしています。

以前、こんなお客様がいらっしゃいました。

生活保護を受けられているお客様で、私も独立をしてから初めて携わったのですが、希望通りの物件が見つかって、保証会社の審査も無事に通過。しかし、オーナーさんからの許可が降りなかったのです。

もう一度探しなおして出てきた物件は、1つめの物件よりももっといい物件でした。管理会社さんも、内見で鍵を取りに伺ったときに、とても丁寧な対応で、審査も無事に通過したのです。

結果的に、1つめの物件よりも、お客様の未来が輝いて見える物件でした。お客様は1つめの物件で審査に落ちてしまったために、とても不安で仕方がない様子でしたが、僕には確信がありました。「絶対大丈夫ですから」とお伝えして、見事に手に入れた新しい住まい。

審査通過をご連絡したとき、涙されたのは初めてでした。

「物件探しは妥協」と言う人がいます。

１００％完璧な部屋などない、と考えれば、あながち間違いではないのですが、それって実は「人生は妥協」って言っているようなもの。

人生も、１００％完璧なものなどないとは思いますが、それでも可能な限り、理想の人生を歩みたいと、誰もが願っているのではないでしょうか。

だから結果的に譲る部分があったとしても、妥協前提で動いてはいけません。

理想の人生を手に入れるにあたって、選べることと選べないことって、もちろんあります。

ある意味、いい物件、今必要な物件が出ると思って探しているのか、妥協するものだと思って探しているのかによっても、結果はまったく変わってきます。部屋探しの土台となる目的が違うからです。

いい部屋は必ず見つかります。

見つからないとき、内見しても違うなと思ったら、「次に行きましょう」と言って、軽やかに前を向くこと。まずはこれが大切です。

第4章

幸運が舞い込む部屋探しの極意

まずは何より4つの「誠ルール」

この業界で仕事をはじめて、17年。

独立して9年、僕が部屋探しの際に最重要視しているポイントが4つあります。

名付けて「誠ルール」。

部屋探しがはじめての人も、ここだけを外さなければ、運気を落とす部屋に住むことはないポイントです。

すでに何個かは書きましたが、一番大きなポイントはこの4つ。

1　日当たりがいい

2　自分が住めるかどうか（家族など、大切な人

を住まわせたいかどうか）

3　物件を見てピンとくるかどうか

4　住んだあとのよいイメージが湧くかどうか

これに尽きます。

間取りの詳細や、駅からの距離なども、この４つの観点から観察していくと、よい部屋にしかぶつかりません。

日当たりには徹底的にこだわれ

先日はじめてお会いしたお客様に「日の当たるいい物件に住めばいい方向へ行きますが、悪い物件に住めば悪い方向に行きますよ」とお伝えしたら、「ああ、なるほど、そういうことか」となんだか心当たりのあるご様子。

お話を聞いてみると、お客様のご友人が、上京して、仕事もバリバリと頑張り、資格取得のために猛勉強していたそうなのですが、半年もしないうちに会社を辞めて実家に帰ってしまったのだそうです。

「その友だちは、会社から勧められた半地下の物件に住んでいて。ずっと頑張っていたのに何でかなと思ってたら、そういうことだったんですね」と言われていました。

半地下で湿気があって、風通しが悪く、日当たりもない。

そんな物件は、割安であっても人生の代償は高くつきます。

むしろ、お金をいただいても住まない方がいいくらいです。

「駅近で間取りもいいから日が当たらないくらい目をつむるか」は厳禁。

僕は日頃からお客様が「ネットでこんな物件を見つけたのですが、内見できますか？」と言われても、その部屋が北向きで目の前に建物があったり、半地下であった瞬間にお断りしています。そのような部屋にお連れしても時間の無駄なのがわかっていますし、人生がうまくいかなくなった責任を取ることができないからです。

日当たりが良くて明るく、朝元気に起きられる部屋。

誠不動産で紹介する部屋に、これが当てはまらない部屋はありません。

人生の分岐点でよい方向にいけるかどうかは、やはり日当たりのよい部屋に住んでいるかどうかにかかっていると思います。

朝起きて晴れている日は太陽の光ですがすがしく起き、気持ち良く出社。そのままの気持ちで笑顔で仕事に取り組めること。

朝日を浴びることでセロトニンという「幸せホルモン」が生産されます。

セロトニンが増えると目覚めがよくなり、体内時計も調整されて、自律神経が整うなど、いいことづくし。

人間の生活リズムを支えているものは、太陽の光なのです。

英国精神衛生研究所のローラ・デビッドソン博士による研究では、日光に当たる時間が少ないとうつ病になる可能性が高くなるといいます。

また、太陽を浴びることによって体内で生産されるビタミンDは、うつ症状を改善したり、免疫力を上げ、血管や心臓のはたらきをよくするといわれています。

郊外のベッドタウンに住み、まだ日が昇らないうちから家を出て、日の差し込まないオフィスで夜遅くまで働くサイクルが健康的と言えるでしょうか。

僕も経験があるのですが、日の当たらない部屋に住むと、なぜか体調を崩しやすくなり、恋人との喧嘩が増え、仕事もやる気がなくなり、人生のすべてがうまくいかなくなるのです。

だからこそ、日の当たらない部屋だけは、何があっても絶対に紹介しません。

生活の動線を考えながら内見せよ

内見をするとき、それぞれの箇所だけでなく必ずチェックしてほしいのが、動線です。生活するときに移動するルートと、家事をするときに動くルートの2つを必ずチェックするようにしてほしいのです。

まず、生活の動線について重要なのはベッドの位置を最初に決めること。平日一番長く過ごすベッドの場所が落ち着くかどうかはとても大切です。

そして、家に帰ってきて今自分がまず何をしているのか、そして、部屋のどこで過ごすことが多いのかを確認してみること。家に帰って、すぐ部屋着に着替え、ソファに直行……というように、家に帰ってからくつろぐまでの間に、行ったり来たりしないですむ動線が理想的です。

さらに、家事の動線は洗濯をしたり、掃除をしたり、料理をしたりする効率の良い位置関係にあるかどうかも重要。特に洗濯をして干してクローゼットにしまうまでのプロセス、掃除機を出して掃除機をかけて戻すまでのプロセス、料理をするときに冷蔵庫や電子レンジ、食器棚などが使いやすいかどうか。

これらの動線は、部屋探しの際はスルーしてしまいがちなのですが、いざ生活すると、家事をするのが面倒になって、片付かないということにもつながりますし、気持ちよく過ごすためのキーワードでもあります。

また、趣味やくつろぎの時間に、家で何をしているのか、新しい家で何がしたいのかによって選ぶ部屋は当然変わります。

最後に、ここまでのチェックポイントを踏まえて、注意すべき間取り図の主な例を挙げておきます。ネットやお店で間取り図を見る際の参考にしてみてください。

間取りチェックポイント①：外形のきれいさ

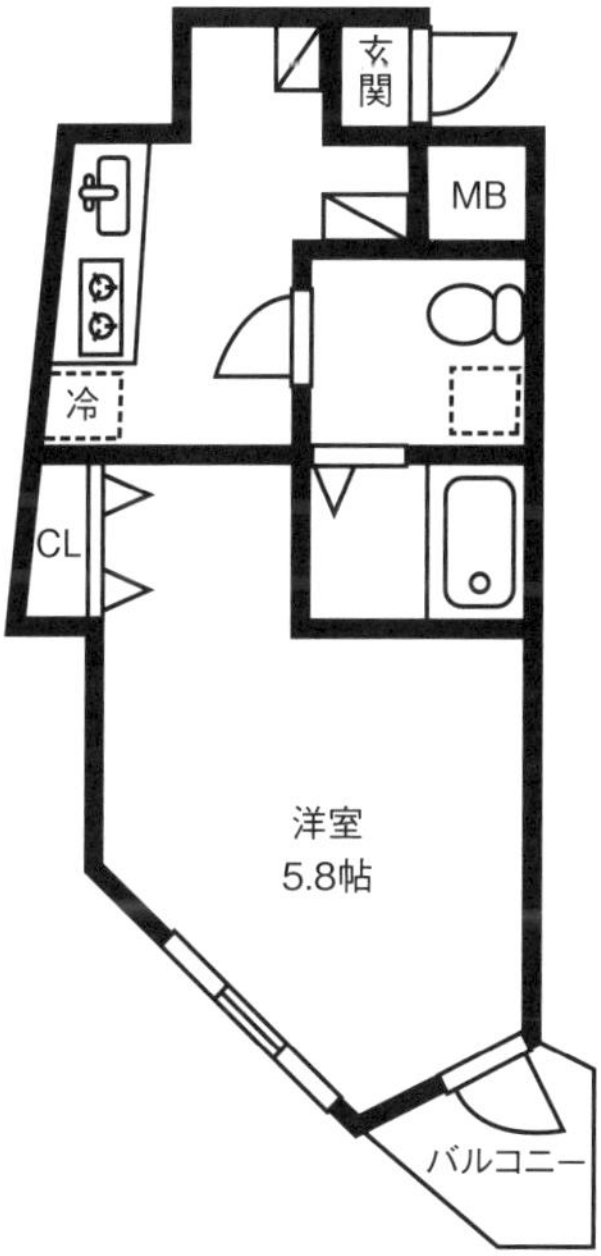

・形がいびつだと気の回りが悪い

間取りチェックポイント②：居室と日当たり

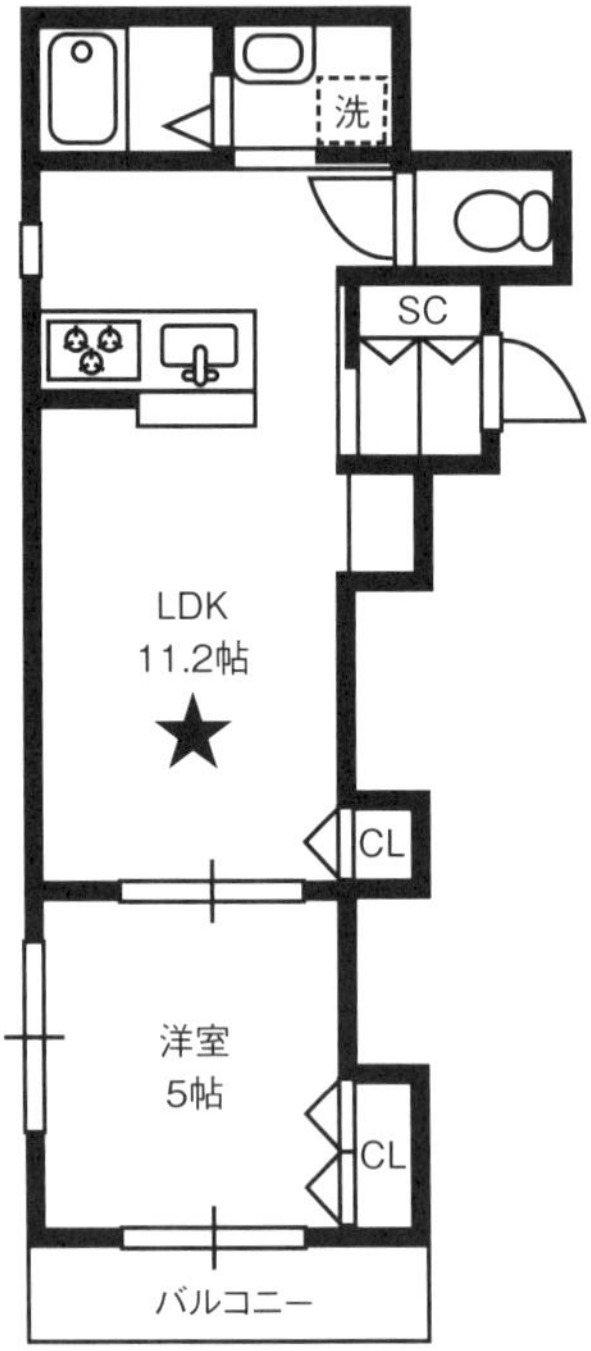

・リビングにまで光が届かない

間取りチェックポイント③：生活の動線

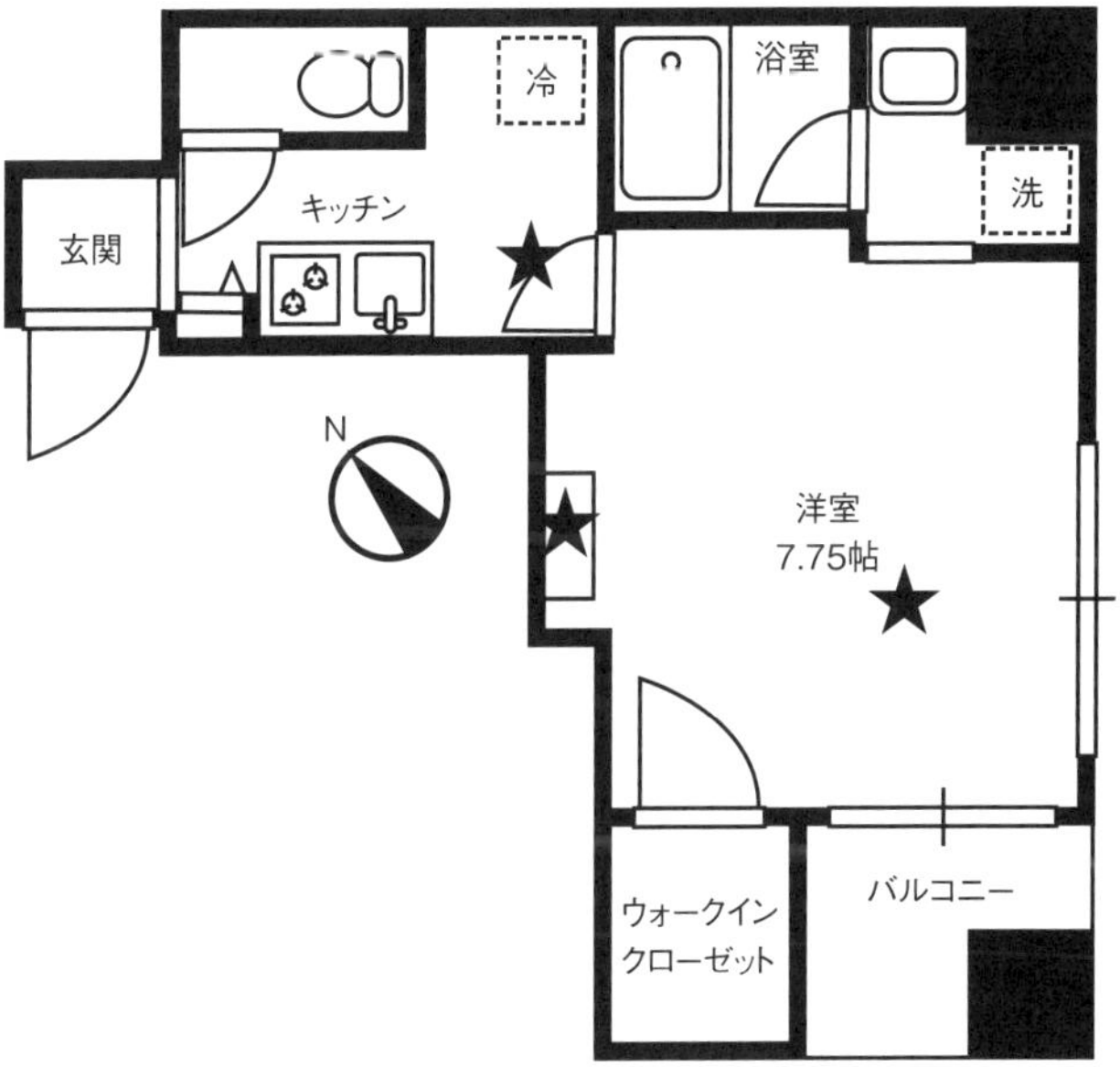

・扉がぶつかるので、食器棚などが置きづらい
・キッチンにはエアコンが効きづらい
・ベッドを置くスペースに迷う

間取りチェックポイント④：デッドスペース

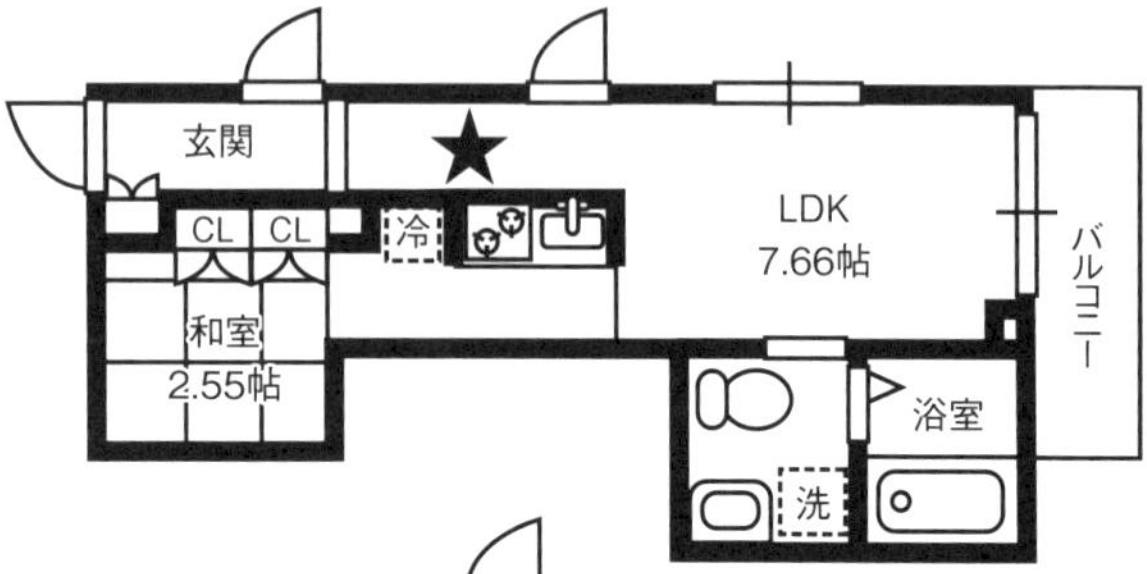

・使い道がイメージできず、デッドスペースになりやすい（上）

・DKの広さが中途半端だと、テーブルは置けず、デッドスペースになりやすい（下）

間取りチェックポイント⑤：大物家具とコンセント

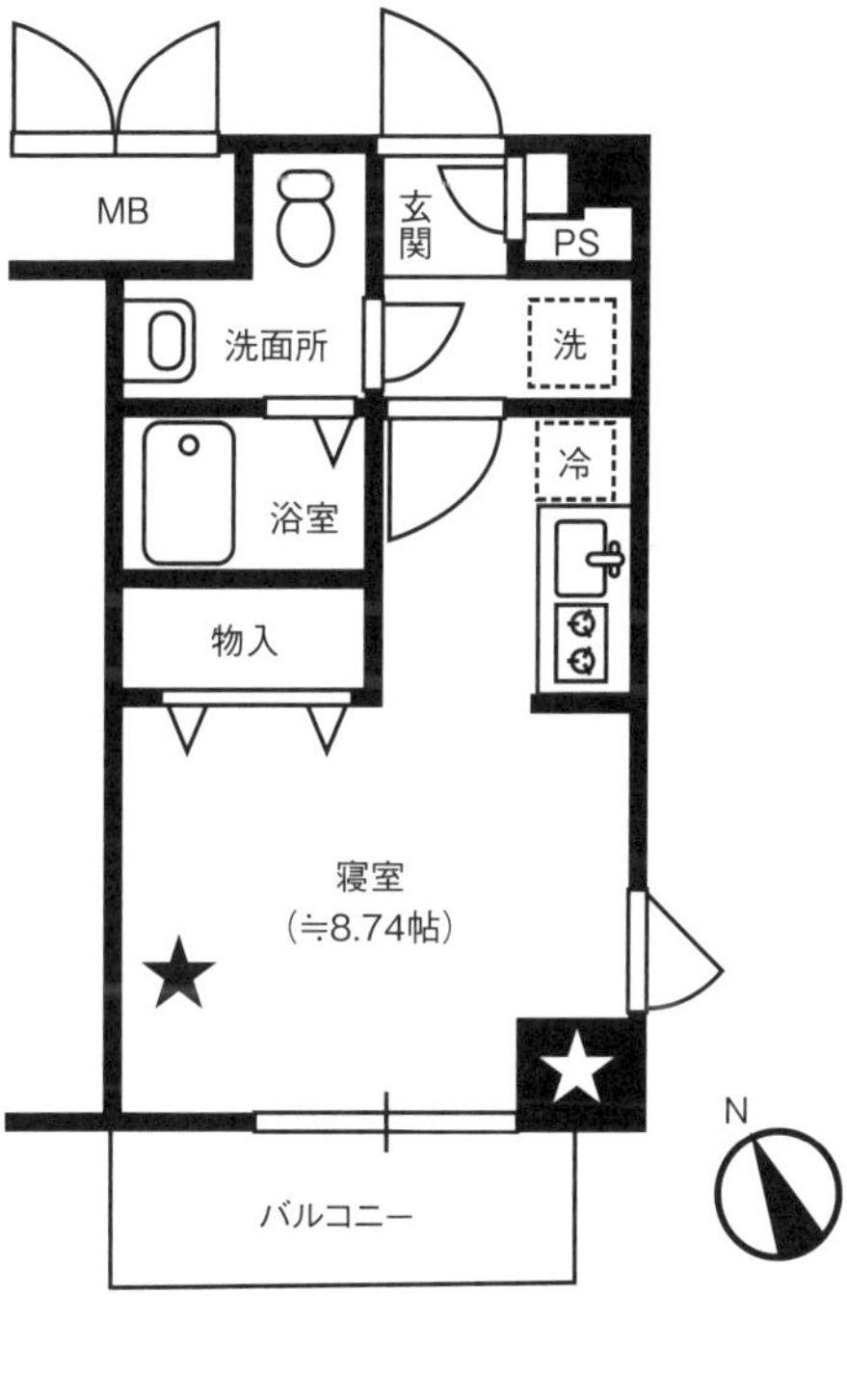

・梁が大きい場合、ベッドが置けるかどうかをチェック
・ベッドを置く位置によってはテレビやコンセントが使いづらいことも

空室の多い建物には理由がある

広さもあって、家賃も相場どおりなのに、空室が目立つ物件というのは、何かしら選んではいけない理由があります。必ずです。

水圧が弱い、じめじめしているなど、明らかに生活しづらい物件であったり、駅から遠かったり、誰でも気がつく理由もあれば、「大家さんが細かいことに口を出してくる」「住人の中に騒音を出すやっかいな人がいる」など、住んでからでないとわからないことも。

空室が多い、という時点で僕は、内見をする前に「この物件はなしです」と言ってしまうのですが、よくよく観察すれば「空室の訳」は、何かしらの痕跡を残しているはずです。

エントランスに吸い殻があったり、宅配ボックスが全部埋まっていたり、それは本当に小さなことですが、住んでみると住みづらくなる理由がそこにあるのです。

ケータイの電波が届くかは今や死活問題

内見をするときに忘れてはならないのが、ケータイの電波が届くのかどうかということ。いまどきケータイを使っていない人はいませんから、うっかり電波が届きにくい部屋に住んでしまうと、日々の生活にものすごく支障が出ます。

ちなみに「高層マンションならまず電波が入りにくいなんてことはないだろう」と思って、チェックを怠ってはいけません。むしろ、他の電波を遮断するものがない高層階になると、いろいろな電波が飛びすぎていて、スマホが混乱して電波を受け取りづらくなってしまうこともあります。

また、それぞれのキャリアでは、こういった場合にルーターを置くなどのサービスもあるようなので、引っ越した家の電波が悪いという場合は活用してみてください。

ケータイだけでなく、日々当たり前になっているささいなことというのは、引っ越しの失敗を上ほど繰り返した人でない限り気づきづらいものです。

コンセントの位置と電力は大事

物件を探すときに忘れがちなのが、コンセントの位置です。

キッチンに冷蔵庫用の高い位置のコンセントが1つあるだけだったり、床から中途半端に高い位置に設置されていたりすると、家電や家具を置くときにコンセントのせいで置き場所を限られてしまうことになります。

もちろん、延長コードを使う方法はあるにせよ、コンセントはどこに何個あるのかはあらかじめチェックして、持っている家具と照らし合わせて置き場所まで検討しておくと後で困らずに済みます。

特に見落としたくないのは、テレビやデスク、ベッドを置きたい場所とコンセントの位置です。

時折、「テレビを置くならここでしょう」と思うのとはまったく別の位置に、テレビ用の電源があることがあります。思った位置にないと、延長コードを長くひっぱることにもなり、ちょっとしたストレスになります。

また同じように確認しておきたいのが電圧です。一人暮らしの場合は30アンペアあればほぼ問題ありませんが、エアコンをつけたままドライヤーをかけるとブレーカーが落ちるような物件もありますから、内見時にはチェックしておきましょう。

水圧で失敗するとストレスになる

内見するとき、必ずチェックしてほしいポイントのひとつが、水圧です。水圧が弱い物件に住んでしまうとかなりストレスになります。

いざ引っ越してみたら、全体的に水圧が低く、特に浴室のシャワーでお湯を出すと、ジョボジョボと出てくるだけで、シャワーとしては使い物にならず、浴槽にお湯をためるのに30分以上かかる、ということも。トイレの水がたまるまでに非常に時間がかかるというケースもあります。

これが毎日続くと、かなり生活しづらく、ストレスがたまり、水圧で引っ越したという人も少なくありません。

マンションなどで、古い物件は屋上に貯水タンクがあり、その場合、同じマンションでも、貯水タンクから離れた部屋の水圧が低くなることもあります。管理会社に問い合わせても「そんなものです」と言われるばかり……ということもあるので、事前にチェックしておきましょう。

元栓が閉まっていてチェックできないという場合は、大家さんや管理人さん、居合わせた居住者に確認するなどしてください。

騒音は可能な限り確認しておく

音の問題。よく内見のコツとして、「内見した時間帯以外の時間にその場所を訪れて騒音についてチェックしよう」と言われることがありますが、平日と週末、時間帯にもよりますし、実際に住んでみたときの上の階の音は、なかなか細かくチェックすることは難しいと思います。

僕は可能な限り、大家さんや管理会社、管理人さんに「この物件は、音は問題ないですか？」と確認するようにしています。

また、内見の際、両隣の部屋のベランダを確認しておくことも大切。

ベランダに大量のゴミや段ボールなどが溜まっているような人は、精神的に不安定な人が多く、夜中ドタバタしたり、大きな音で音楽を聴いていたりすることがあるからです。

またペット可物件を探す際も注意が必要です。上の階や隣の部屋で夜鳴きをする犬やよく騒ぐペットを飼われていることもあります。

昨今は、インターネットの不動産の口コミなどで、実際にその物件に住んでいた人の声を見ることができるサイトなどもあります。

もちろん、ひとりの人の意見を鵜呑みにするのはよくありませんが、大勢が、同じことに言及しているときは要チェックですし、内見するときにチェックするべきポイントがわかるので、参考程度に見てみるのもいいと思います。

地盤は簡単に調べられる

日本中そこかしこで起きている地震や集中豪雨、台風などの災害は、住居と無関係ではありません。

東日本大震災では、建てたばかり、家具を入れたばかりの家が流されたという話もたくさん聞きました。

部屋探しの際には建物の耐震構造についても気になるところですが、事前に調べておきたいのは地盤の状態や、災害が起きた際の浸水に関することです。

役所でもらえるハザードマップで調べるのももちろんありなのですが、最近は便利になり、「じぶんの地盤」などのスマホ用アプリで簡単に今いる場所の地盤をチェックすることが可能です。

また、地盤のよしあしは、内見だけではチェックしづらいので、日常的に建物の揺れがあるのかどうかの目安にもなります。駅近で住みやすそうなのに家賃が格安という場合で、内見をしてもネガティブなポイントが見つからない場合に、大きな車が通ったときに揺れるというようなウィークポイントが隠れていたりします。

また建物自体の形として、ヨウカン型のものはゆれづらく、L字や変わった形のものはゆれやすいということもあるので、合わせて確認するといいと思います。

タワーマンションは一長一短

タワーマンションは、僕がおすすめする日当たりや窓から見る景色は最高ですし、設備やセキュリティが充実していて、上層階はゴキブリや蚊などが出にくいという利点がたくさんあります。

さらに、住んでいる人のステイタスになり、「俺ってなんかすごいかも」という自己重要感が増すので、成功していく人が住みたいと思うのは当然かもしれません。

しかし、特有のデメリットもあります。

まず、地盤に関係なく、免震構造でない限りは、高い階になればなるほど地震によってものすごく揺れることを知っておいてください。だいたい、地上での震度プラス1くらいの揺れになるともいわれています。

それでなくとも、タワーマンションの上階は、風が強い日にも揺れます。この揺れや、気圧の差によって体調不良を起こす人もいますので、もともと、飛行機で耳が痛くなりやすい、三半規管が弱い、メニエール病などを持っている人は避けた方が賢明です。

また、災害でエレベーターが止まってしまったとき、外への避難はもちろん、自宅避難生活を送る際にも、水や食料を持って階段を上ることも考えておかなくてはなりません。

天井の抜け感は心の余裕につながる

最近の注文住宅の多くが、リビングの開放的な吹き抜けなど、抜け感のある住まいを提案しています。

一人暮らしのワンルームの場合、吹き抜けを求めるのはなかなか難しいのですが、あまりに天井の低い部屋は圧迫感を感じます。

内見の時点では「間取りも良くて、日当たりも良くて、天井低いくらい」と思われそうですが、いざ住んでみると寝ている時の圧迫感が強くて、家にもあまり帰りたくなくなる傾向があるようです。

応用心理学の分野での研究では、天井が高い部屋を人間の脳は「美しい」と感じやすく、脳が、より活発に活動するのだそう。また、同じ研究によって、閉鎖的な空間からは「出たい」という欲求が湧きやすいと言います。

つまり、天井が低いと、圧迫感から知らず知らずのうちにクリエイティブな思考を奪われ、家にいてくつろげず、ストレスをため込んでいるということ。

なので、内見に行ったときに「あ、ちょっと低い」と感じたら、その感覚は絶対に見過ごさないようにしてください。

また、ロフトも、寝る場所として使う場合かなり圧迫感があります。一部屋増えた感覚で広く使えるから、と、ロフトつきの部屋を選び、結果的に寝つきが悪く物置になった、という方もいます。

特に、1メートルほどしかないような、低いロフトは要注意。ロフトつきの部屋を選ぶ際は、実際にそこで眠ることができるかどうか、内見のときに天井を見ながら横たわってみるなど体感を大事にしてみてください。

収納が異常に少ない部屋はカッコよくても不便

「自分が過ごしていて、気持ちがよい部屋に住みたい」と思ったとき、デザイナーズマンションが頭に浮かぶ人もいるかもしれません。

もちろん、鉄筋コンクリート打ちっ放しで開放感のある空間は、内見の際は一目惚れしてしまう魅惑の部屋かもしれませんが、いくつか落とし穴もあります。

まず、打ちっ放しということはコンクリートの壁の特性として夏は熱気がこもって暑く、冬は暖房をつけていても暖まらないということが起こります。

さらに、収納がまったくない部屋もあります。そんなとき、僕は「収納がまったくない部屋に収納家具を入れると、思ったよりずっと狭くなります」とお伝えしています。

また、極端に収納が少ないと、モノを整理整頓しづらくなり、居心地のよい空間を保てないということにもつながります。

さらに、新たに家具を購入すると、お金もかかりますし、次に引っ越す際に収納つきの部屋に引っ越して家具を持て余すという話もよく聞きます。

もちろん、最近流行りの「モノを持たない生活」を実行している方などで、それでも綺麗に片付けられる人はたくさんいると思いますし、見せる収納が上手で、デザイナーズマンションを自分の城として、楽しみ尽くせる人もいるでしょう。抜け感のあるデザインの部屋も多いので、新しい生活を存分に楽しめるはずです。

ただ、もしも、もともと荷物が多くて、片付け下手な人の場合は、せっかくのかっこいい部屋が、モノで埋もれるということになりかねませんから、自分の性格と相談することが大切です。

ちなみに、もともと片付けが上手ではない人が、収納のない部屋に住んでしまい、案の定片付けられなかった場合、朝起きた時に見える景色がモノに埋もれている部屋だと、それだけで、やることが山積みのように感じて疲れてしまいます。

仕事へのやる気が削がれ、無気力になりやすい。結果、汚部屋へまっしぐらになりかねません。

マンションから出てくる人をチェックせよ

内見のときにエントランスで住人の方とすれ違ったり、大家さんに会ったりしたときは、必ず、その人の雰囲気をチェックしてください。

まず「こんにちは」と声をかけてみて、返事が返ってこないのであれば、内見するまでもなくその部屋は、あなたの未来にふさわしくありません。

昨今は、同じマンションの人と交流することはほとんどありませんが、それでも、すれ違ったときに挨拶をしない住人がいるということは、かなりの割合でそういう人が集まっているということ、つまりその建物自体の気がよくないといえます。

大家さんや管理人さんでも同じこと。

昔、サラリーマン時代に、内見で大家さんにお会いして「なんとなく、神経質そうだなあ」と思ったときに「まあ、そうはいっても几帳面なだけかもしれない」と、その感覚をスルーしてお客様に伝えなかったことがありました。

しかし、やはり入居された後で、「細かいことをいろいろ言われて住みづらい」という連絡があり、結局そのお客様は再度引っ越しをされることになり、申し訳なく思ったことがあります。

それ以来、僕は、大家さんに対しての直感も、お客様にシェアするようにしているのです。

マンションやアパートなどの集合住宅は、それぞれの部屋の住人につながりはなくとも、一つの建物でつながっています。そして、飲食店などの客層のように、同じ気質の人が集まっています。

特にランクアップを狙っての引っ越しの場合は、たとえ、交流することがないにせよ「ああ、こういう人たちと過ごしたい」と思える素敵な住人が住んでいる建物への引っ越しが必須です。

僕のお客様で、とても気に入ったマンションに引っ越し、管理人さんを含めてマンション全員がとても仲良しだという方がいらっしゃいました。シェアハウスでもないのにパーティを開き、管理人さんが辞められる際には、送別会を開いたといいます。

ここまで、マンション内で仲がいいというのは僕もあまり聞いたことがありませんが、住人同士が挨拶しあえるということは、震災などの災害が起きた際など、いざというときには助け合える人たちでもあるのです。

掃除の具合から住人を考察せよ

共用部分からは、かなりの情報を得ることができます。

まず、エントランスでは、チラシやゴミが散らばっていないかどうか。

チラシを入れるためのゴミ箱が置かれていないマンションは、管理会社や管理人さんがきちんとメンテナンスしてくれていない可能性大です。

また、エレベーターの中のにおいや掃除、階段や廊下が綺麗かどうかも確認しましょう。

廊下には、セミの死骸が冬になってもずっと残っていないかどうか、ネズミやゴキブリ駆除剤などが置かれていないかどうかも、建物の管理や掃除の状況、ネズミやゴキブリが出るかどうかなどの環境を知る情報になります。

また、住民の民度もある程度は外から確認することができます。

住居のドアにいろいろなシールが貼ってあったり、使わなさそうな傘が大量にかけてあったり、ベランダ側から見て、物がたくさん置いてあるような部屋やカーテンがボロボロの部屋があると、トラブルを起こしやすい人が住んでいる可能性がでてきます。

さらに、ゴミ置き場の周辺にシールの貼られていない粗大ごみが放置されていたり、パンクした自転車が置きっ放しになっていたり、宅配ボックスの空きがゼロだったりすると、ルーズな住人が多くいるかもしれない、ということも考察することが可能です。

一度気になった「におい」が改善されることはまれ

部屋のにおいは生活していく中で、住みやすさを妨げます。

ある女性は、上京してきた際にはじめて住んだ部屋が、間取りと家賃は理想通りで、日当たりもよかったそうなのですが、引っ越して2カ月後には新たな部屋への引っ越しを余儀なくされたといいます。

その理由は、いわゆる古い家のにおい。カビ臭と生活臭が入り混じったようなにおいがあったそうです。

内見のときにも少し気になったそうなのですが、「古い物件はこういうにおいがすることがありますが、人が住んでなかったからこもっているだけで、風を通して、生活していると徐々になくなりますよ」と言われたそうなのです。

ところが、引っ越して換気をよくしてもにおいは取れず、アロマオイルをたいてみたり、光触媒のスプレーで壁をコーティングしてみたりしたそうなのですが、友人からは「なんか、服からおばあちゃんの家のにおいがする」と言われたり、家に帰ってもドアを開けた瞬間嫌な気持ちになり、くつろげないとのことで、「お金はかかったけど、引っ越して正解でした」と言われました。

内見をしていると、下水や浄化槽など水回りのにおいや、前居住者によるタバコのにおいが気になるときがあります。

不動産会社側は、「ルームクリーニング前だから消臭できていない」と逃げるケースも多々ありますが、ルームクリーニングで取れないにおいもあります。

また、新築物件も特有のにおいがすることがあり、取れるまでにしばらく時間がかかることがあります。

また、同じ建物の1階や、近隣に飲食店が入っている場合も、換気扇を回した際ににおいが入ってくることがあります。

においに敏感な人はもとより、そのにおいの中でずっと生活することを考え、「ちょっと無理」と思ったらその物件には手を出さないようにしましょう。

通勤電車の乗り換えは1回まで

最寄りの駅からどのくらいかかるのか、会社員の場合、通勤時間や通勤の乗り換えについてしっかり考えておく必要があります。

誠不動産には「通勤のための乗り換えは1回まで」という「誠ルール」がありま す。これは、僕自身が、毎日の通勤を考えたときに乗り換え2回というのは非常にしんどくて、きっと引っ越したくなるだろうなと思うからです。

通勤のつらさというのは距離よりも、混み具合や乗り換え。せっかく座れても、すぐに乗り換えてまた立って……。電車の中で本を読もうにも落ち着かない。そうすると通勤は本当にただの時間のロスになります。であればいっそ、少し遠くても始発で座れる駅の方が日々の通勤には楽だったりするのです。

たとえば、逗子。東京駅からちょうど1時間ですが、始発駅なので、40分満員電車に揺られるのと、どちらが毎日楽かというと、当然座っていられる方だと思います。

すりガラスは絶対にNG

「窓からの景色は、お客様のこれからの人生と一緒です」

僕はよく、お客様にそう伝えます。

日当たりのよい部屋からは、基本的に、圧迫感のない景色が見えます。図らずして、引っ越しした初めての夏に「誠さん！　部屋の窓から花火大会が見えます!!!　ご存じだったんですか？」と言われることも。

また他のお客様は「部屋から見える東京タワーが一日の疲れを癒やしてくれて、幸せです」というご報告があったり、日当たりのよい部屋のおまけはなかなか素敵なものが多いです。

日当たりのよい部屋は、イコール、窓を開けたくなる部屋であり、窓を開けて風を通したくなる部屋でもあります。結果的に、気が巡り、人生の流れをよくする空間になっています。

逆に、日当たりの悪い部屋は、日を遮る建物があったり、昼間でもカーテンを開けたくならない部屋でもあるのです。

先日の内見で、こんなことがありました。

日当たりや間取りなど、お客様の希望通りで、お客様は「ここにします！」と即決された部屋がありました。ですが、窓に取り付けられていたのがすりガラスで、カーテンを開けても外の景色が見えない部屋でした。

「この部屋はダメです。やめましょう」

僕はお客様にそう伝えて、首を縦には振りませんでした。

数週間後、窓から青い空が見える、気持ちの良い物件が見つかりました。

窓から見える景色から見えているのは、ただの景色ではありません。そこに映し出されているのは、これからのお客様の未来。

抜け感があって、風が流れていて、日当たりがよくて、気持ちがいい。

そんな人生を歩んでほしいからこそ、僕は、可能な限り、窓から見える景色にはこだわっているのです。

第5章

次に選ぶ部屋が、未来を決める

部屋の力を借りて人生を好転させる

「住む部屋で人生が変わる」

これは、僕がいつもいつも口にしている言葉で、業界に入って17年、完全紹介制の不動産屋を9年やってきて確信していることでもあります。

ある大学の研究では、人生の中で起きるストレスの度合いに順位をつけたところ、その上位にきたのは「身近な人の死」「離婚」「転職・倒産・引っ越し」という結果が出たそうです。ストレスというのは悪いことばかりではなく、環境の大きな変化にも強く現れます。

住む部屋を変わるということは大きなストレス……。つまり、人生を揺るがす大事件なのだということです。それを自覚することが何よりも大切。

なぜなら、一度しかない人生、部屋で損したくありませんよね。部屋の力を借りて成功し、幸せになれるのなら、そこに乗っかりたいと思いませんか？

あなたがもしも今、大学進学のために上京する前とか、就職や転職、異動などで引っ越しを余儀なくされているとしたら、それは、またとないチャンスとなります。

逆に、あなたがもしも今、引っ越しをまったく考えておらず、でも、人生があまりうまくいっていなくてモヤモヤしているのだとしたら、それもまた、人生を変える大きなチャンスです。

この本を手に取ってくれたことに心から「おめでとうございまーーーーす！」とお伝えしたいくらいです。

そして、ここからが重要なのです。

なぜなら、住む部屋で人生が変わるというのは、良い方にも悪い方にも言えることだからです。

あなたの新たな部屋は、
あなたの未来そのものです。

心地よく過ごせる自分の部屋を手に入れた人は、間違いなく人生が好転しますが、居心地の悪い場所に引っ越してしまうと、しばらくつらい時期を過ごすことになります。

つまり、住む部屋で人生は変わりますが、劇的に良い人生を手に入れたいのであれば、今のあなたがほんの少しステップアップした自分を想像し、それにふさわしい部屋を手に入れることが必須なのです。

そこに妥協があってはいけません。

もちろん、部屋探しには予算があり、しかも、すべてにおいて完璧な部屋などないのですから、あきらめなくてはならないポイントはあるかもしれません。

というと、矛盾があるように聞こえるかもしれませんが、これまでお伝えしてきた、ステップアップの「誠ルール」を外してはいけません。

僕が16年かけて積み上げた幸せな部屋探しの鉄則を外さない限り、あなたは、引っ越しをするだけで、人生を大きく好転させることができます。

部屋を変えると人間関係も変わる

引っ越しをして住む家を変える、今いる環境を変える、というと、どういうイメージが湧くでしょうか。人にもよるとは思いますが良いイメージは、

- **心機一転できる**
- **出会う人が変わる**
- **生活の流れが変わる**
- **毎日目に移る景色が変わる**

一方で、

- **踏み出すのに勇気がいる**

・**準備に時間がかかる、めんどくさい**
・**お金も結構かかる**

というちょっとネガティブなイメージを持つ人もいるはずです。

《人間が変わる方法は3つしかない。
1つ目は時間配分を変えること。
2つ目は住む場所を変えること。
3つ目は付き合う人を変えること》

これは、マッキンゼーの日本支社長も務められた、伝説の経営コンサルタント、大前研一さんが言われていることなのですが、僕も部屋探しの現場でそれを実感しています。特に、この3つのうち、部屋を変えることが重要だと僕は考えています。

なぜなら、部屋を変えれば、出勤にかかる時間は変わりますし、行きつけの店も変わります。つまり、部屋さえ変われば、他の2つは自動的に変わるからです。

本人の努力や運はもちろん人生を変える大部分ですが、どういう部屋でそれを行うのかが、大事です。引っ越しにまつわるストレスや勇気のなさ、資金のなさを理由に、時間配分や関わる人の方をなんとかしようとしても、生活の拠点になっている場所に変化がない限り、人生は変わりません。変えられたとしても非常にエネルギーを使いますし、時間もかかることになります。

僕の周りには、引っ越しを重ねることでどんどん成功している人たちが多くいます。たとえば、今人気上昇中の若手俳優さん。初めて会ったのは10年くらい前。今もお部屋探しを担当させていただいているのですが、今や月9をはじめ、大河ドラマやCMなど、テレビで見かける機会も増え、その活躍ぶりに部屋探しのお父さんとして喜んでいます。先日久しぶりにお会いしたのですが、オーラに透明感が出ていて、「引っ越しをして本当にいい方向に変わった」と言われていました。

そう言ってもらえることは、僕の仕事のすべてであって、本質です。

もちろん、芸能人だけではありません。

先日、同じ年代の仲間たちと飲んでいるときに、「なんか、めちゃくちゃ人生いい方にいってるよね」という友人が数人いて、その全員が、私から部屋を借りていたことが発覚。僕が紹介した部屋を借りた組と、そうでない組にわかれてしばし引っ越し談義になりました。僕が紹介していない組の女性が「私、引っ越す！　今すぐに！」となったことがありました。

実際、「部屋を探して私も変わる」という強い決断をすると、不思議なのですが、その人が求める部屋が必ず現れます。実際、見つけた物件を見に行って1件目でピンときて、審査もスムーズに通過。あっという間に引っ越しをして、まだ具体的な変化はないようですが「日当たりが良くて、家にいる時間が多くなり、とても幸せ。何事にも感謝することが増えて、これからすごいいことがありそう」とのこと。

「求めよ、さらば、与えられん」

これは本当です。

住む部屋で性格も自己評価も変わる

住む部屋を変えることによって、性格まで変えることができます。というよりも、住む部屋によって否が応でも、性格はよくも悪くも変わるという方が正しい表現です。引っ越す前の自己評価と、引っ越し後の自己評価が明らかに変わるからです。

わかりやすい例が大学デビューです。それまで垢抜けなかった地方の高校生が、都会の大学へ行くことで、それまで狭かった世界から抜け出して広い世界へと飛び出し、都会の同世代に出会い、サークル活動をして、ファッションもあれこれ楽しんで、恋愛をして……夏休みに帰省したらもう別人、なんて珍しい話ではありません。

人格は、生まれ育った家、家族、ご近所の人々、幼稚園や保育園などで出会い、そのまま いっしょに過ごすおさななじみたちの評価によって作られています。つまり「自分とは?」というアイデンティティが育つよりも前に、「◯◯ちゃんて、根暗だよね」とか、ネガティブなアイデンティティを植えつけられてしまうことがあります。

よく同窓会などで、何十年ぶりに会ったのに、集まった瞬間に、当時のマドンナはマドンナに、当時のジャイアンはジャイアンに一瞬で関係性が戻る、といわれることがあるように、学生時代に生まれたアイデンティティは、同じ環境にいて同じ人たちと関わっている限り変わりづらいのです。

それを見事に払拭《ふっしょく》し、新たなアイデンティティを構築させてくれるものが、新しい環境。つまり、新しい部屋であり、新しい人間関係、新しい挑戦というわけです。

大学デビューや新卒での環境の変化は多くの人が自然と経験することかもしれませんが、社会人からこの状態を作り出すのは少し難しいことです。転勤や起業などで必要に迫られないかぎりは、自ら行動を起こし、変えていかなくては、環境が変わることはありません。そうなると、うだつのあがらない状態から抜け出すのは難しい。

だから、住む部屋を変えるのです。

人生デビューアゲイン！

必要な部屋は望めば必ず現れる

「誠さんはまるで、注文住宅を建てているかのように、望んだ通りのぴったりの部屋を見つけてきますね」

お客様からそう言われることがありますが、実際、9割くらいの方には、ほぼ理想通りの部屋をご契約いただいています。

そもそも、誠不動産での僕の仕事は、お部屋を契約してもらってお金を得て、僕が成功することではありません。

お客様に、住んだ後
楽しく幸せになっていただくこと。

そのお手伝いをすることが僕の仕事です。

なぜこんなに声を大にして言うのかというと、その決意があってこそ、必要な部屋が見つかるからです。

よく、いろんな成功法則や自己啓発本で「成功している自分を想像しなさい」と言われることがありますが、部屋探しもある種その域。

「絶対に見つける！　必ず見つかる」

と思っているから、中途半端に妥協しなくて済みます。「あれ？」と思ったらすぐに次の物件に目を向ける。だから結果的に理想の部屋しか見つからないのです。お客様が必要としている物件を「俺が出す！」と毎日決めて、物件を探し、内見に出ます。

それは、どれだけ急いで探さなくてはならない場合でも同じです。

地方から上京されるお客様の場合で「今日見つけなくてはならないんです」という方もいらっしゃいますが、それでも、同じ心持ちでいれば、必要な部屋は見つかります。

逆に、すぐに見つからない物件もあります。最長で4年も探している物件だってあるくらい。一度、お客様が「ここにします！」という物件にたどり着いたのですが、僕の方がピンとこなくて「いや、ここはやめましょう！」とお断りしたり、僕が「ここにしましょう！」といえば、お客様が「いやベランダがもうちょっと広い方が」というのを繰り返して今に至ります。

僕にできることは気合と粘りで運を引き寄せること。

気合、根性、さらに気合の3K。これぞ、元自衛官による究極の部屋探し術です！

毎朝5時55分（ゴーゴーゴーゴー）起き7時30分始動で、4年越しのお客様の物件も、今年は決まりそうな気がしています。

「でもそれだと、結局、誠不動産に行かないとダメって話ですか？」という方もいらっしゃると思いますが、この本は、僕と同じ視点で部屋を探して、僕のお客様のように人生を部屋で変えていく方法を伝えるために書きました。

本の中でご紹介した部屋探しの極意をぜひ再現して、素晴らしい部屋を見つけてください。

気合、根性、気合です。

とにかく気持ちが大切。

あ、でも、朝5時55分に起きる必要はありません。

家は「寝るだけ」の場所ではない

「家は、寝に帰るだけの場所なんで、特にこだわりはありません」

これは、部屋探しにいらっしゃる方からよく聞く言葉です。

家は寝るだけの場所……はたして本当にそうでしょうか？

働き盛りで残業続きのビジネスマンも、実は、思った以上に長い時間を家で過ごしています。

ＮＨＫの国民生活時間調査によれば、２０１５年の有職者の平均在宅時間は13時間13分。もしも、終電で帰って始発で会社へ行ったとしても、５～６時間は最低でも自宅にいますよね。１日の４分の１。寝るだけだったにしてもけっこうな時間を過ごすわけです。

また、この「寝るだけ」の時間も、非常に大切なものなのです。

とはいえ、僕も若かりし頃、まだ不動産業界に入る前に「家は寝るだけ」と思って北向きの部屋に住んだことがあります。北向きの1階でじめじめした部屋では、そこにいる間、免疫力が下がるのか、しょっちゅう体調を崩し、しょっちゅう風邪を引いていました。当然、バリバリ仕事ができる状況ではありませんでした。

ところが、日当たりがよく「心地いいな」と思える部屋に移った途端、体調はよくなり、働く気力も増して、そこからは人生の快進撃。不動産仲介業という天職にたどり着き、家族と幸せな日々を送っています。

この自分の体験から、僕は住む環境にこだわるようになったのですが、それからは風邪を引いたことがありません。体調不良も皆無。いつも快眠、いつもやる気でいっぱい。それほどまでに、寝る場所は、体調やモチベーションに影響するのです。

僕のクライアントさんを見ていても思うのですが、成功している人、人生が豊かに輝いている人ほど、睡眠の大切さを知っています。だから、寝室にもこだわります。良い睡眠は、肉体的な疲れだけでなく、脳の疲労、心の疲労も回復させてくれます。心身の疲れが取れて、翌朝スッキリ目覚めれば、気持ちが前向きになって集中力が高まり、あなたが持つ能力を最大限に発揮することができる……つまり、寝室の心地よさは、幸せと成功を生むのです。
ですから、「家は寝るだけなんで、別に何でも」と思っている人に、僕はここで改めて声を大にしてお伝えしたいのです。

「あなたの部屋は、
あなたの英気を養う場所ですよ～！」

「特に寝室は、ゆっくり休める環境であることが必須ですからね～！」

もちろん、僕はそのことを念頭において部屋探しをさせていただいています。
時折、寝室の環境に無関心な方もいらっしゃるのですが、寝室が道路に面していて遅い時間までうるさい可能性がある場合などは、僕の方から「この部屋はやめましょう」とお伝えすることもよくあります。

なぜなら、ゆっくり休める部屋こそが、お客様の未来を切り開く、大切な心身の充電エリアとなるからです。

それくらい、大切なことなのです。

朝、目が覚めたときに見る景色、夜寝る瞬間に見ていた景色、それらは、確実に人生に影響していきます。

だって、外国の素敵なホテルに泊まっているときって、朝起きた瞬間「ああ、素敵」って気持ちになりますよね。寝るときも、なんだか幸せな気持ちになったりします。逆に、旅先の拠点となる部屋の天井にはシミ、壁はボロボロ、水はけも悪くてシャワーは出ず……だと、どんよりする人も多いはず。

もちろん、格安旅行に反対なわけではありませんが、それが日々の生活の中で常に繰り広げられていても楽しめる、という人は多くはないのではないでしょうか。

朝、気持ちの良い朝日で、気持ちの良い部屋で目覚め、夜ぐっすり眠れる部屋に住むこと。これは、人生にとってマストと言えるほど重要なことです。

部屋を探している人はラッキー、そうでない人は超ラッキー

10代、20代で大学や専門学校、就職で上京するときというのは、人生の大きな節目です。

この節目に、日当たりと気のよい部屋に住めれば、その後の人生は必ずプラスの方に動いていきます。

しかし、多くの場合は、これができていない。なぜかというと、不動産賃貸業の営業マンが住まわせたい物件に、住んでしまっているからです。

部屋がその人の人生を変えていくということ、部屋探しがお客様の人生を背負っているということに、この業界のすべての人が気づいたなら、適当に部屋を紹介し、これでいっか、という考えはなくなるはずなのです。

ところが、バブル時代を含め「楽して儲けるのが不動産」などと言われてきた業界の歴史から見てもここはまだまだ解決されていない部分です。

仲介の意識が変わり、誰もがいい部屋に住むようになると、劣悪な物件は自然と淘汰され、誰もが人生を良い方向に持っていくことができ、日本全体もさらに活気で溢れると思いますが、それはまだまだ先の話です。

となると、引っ越しを通じて人生をグレードアップさせていくために必要なのは、不動産屋のいいなりにならず、自分の人生を変える基地となる部屋を探し出すことに尽きます。

今、もしあなたが上京や就職、転職、更新、同棲、結婚などのタイミングで、部屋を探す必要に迫られているのだとしたら人生のチャンス到来です。

ここで選ぶ部屋が、未来のあなたのために働いてくれる居心地のいい部屋であれば、間違いなく、あなたの人生は飛躍的によい方向へと伸びます。

逆に、「まあ、このくらいなら仕方ないか」と妥協に次ぐ妥協でたどり着いた部屋は、あなたをバックアップするだけの力を持っていませんので要注意です。

また、今あなたが、引っ越す余裕も時間もなくて、でも、なんか人生がうまくいっていないと感じているならば、その部屋もまた、あなたをバックアップするだけの力を持っていないのだということ。部屋を引っ越さねばならぬ事情がないならなおさら、自分の人生をより幸せなものにするために、その拠点となる部屋をじっくり探す時間があるということ。これもまたビッグチャンスなのです。

内見に行き、部屋の空気感を感じてみるだけでも、今の自分の部屋との気の流れの違いを感じることができるはず。

その一歩をぜひ踏み出してみてほしいと思います。

部屋探しは自分の居場所探しでもある

部屋というのは、「自分の居場所」の象徴でもあります。

この世の中に自分の居場所がない、と感じている人の多くは、とても狭くて日当たりが悪いところに閉じ込められたかのように生活していたり、広い部屋に住んでも汚部屋にして乱雑に扱っていたりします。

結局、住み心地の悪い住居は、自分の居場所を奪っていることになります。

新たな自分に、居心地のよい、未来が見える居場所を提供することは、部屋探しの醍醐味であり、人生を変える重要な鍵になります。

たとえば、あるお客様のお話。

30代で、母親と2人で住んでいたこの女性ですが、自分の居場所となる部屋は北向きのいわゆる分譲賃貸の寝室に充てられる5畳ほどの部屋。しかも母親は娘をコントロールしたい、いわゆる毒母的な存在だったそうです。

家に帰りたくない、リビングや他の部屋は母のもの、自分の部屋はまるで部屋ではなくて小屋のよう……。そう感じていたお客様は、ご友人の紹介で僕のところへ足を運ばれました。

「帰るのが楽しくなるような、自分の居場所がほしい」

それがお客様の望みでした。

実家の猫を1匹連れて行きたいということ、30代の独身の女性ということもあって、お付き合いされる男性を招けるような部屋を念頭に探したところ、数件の内見を経て、1Kの築浅のマンションに行き当たりました。

エントランスも重厚で美しく、宅配ボックスもついていて、もちろん、南向きで日当たりがよく、夜はスカイツリーが見えるという抜け感に、僕は「ああ、これならこのお客様の人生は素敵なものになるな」と確信しました。

引っ越し後、実家で息苦しい思いをしていたお客様は、自分が安心してくつろげる自分だけの居場所を見つけて、夏の夜には仕事が終わったあとに猫と一緒にベランダに出て、スカイツリーを眺めながら大好きなビールを飲むのが日課だとか。

「不思議なのですが、住環境が安定したら、地に足がついて、仕事での人間関係も穏やかになって、ストレスが半減したんです」

家に帰ってくるときに美しいエントランスをみて「わあ、私ってこんな素敵な部屋に住んでていいのかしら」と、いまだにドキドキすることもあるそうですが、同時に「自分はここに住む価値があるんだ」とも思えるのだそう。

そのお客様はその後「自分の本当にやりたいこと、幸せがわかった。自分の本来の居場所が見えた」そうで、以前の会社を辞めて、自分の道を歩まれています。近日、また、今のお客様に合った新しい部屋を探すことになるかもしれませんね。

とにかく、居場所の効果はすごいんです。

それこそまるで、部屋探しの魔法のように、人生が変わりはじめます。

人生の課題、人間関係のトラブルで悩んでいるのだとしたら、末端の問題を解決しようとして必死になるよりも、まず、今の自分に、居心地よく生きられる居場所があるのかを確認してみること。

そして、引っ越しをして居場所を作れるのなら、今すぐにそうすること。

実家から出て自分だけの城を持てるならそうすること。
それだけで人生が好転するなら、やらない手はありません。

「自分の居場所は自分でつくる」

それによって人生が勝手に変わっていくこと。まるで、わらしべ長者のような家移り成功術です。思う存分活用できるのは、賃貸で家を借りている人の特権かもしれません。

無理をしても、ちょっといい部屋に住む

アーティストの女性のお部屋を探させていただいたときのこと。

「会社を辞めて自分の作品だけで勝負していくことになったので、思い切ってアトリエ兼住居として使える部屋に移り住みたい」と言われました。

お話ししていくうちに、部屋の間取りや日当たり、駅からの距離などを考慮して、前の家賃よりも5万円アップしてのお部屋探しとなりました。

ほどなくしてお客様が希望された目黒区の、とあるエリア、駅から3分だけど静かな2Kの女性が住みやすいマンションを見つけました。

個展などを開かれている方でしたので、駅近はマスト。2Kで収納も十分にあり、片方の部屋を寝室、片方の部屋をアトリエとして使える築浅の日当たりの良い部屋。これ以上の部屋はありません。

大満足で契約されたお客様でしたが、「本当に払えるんだろうかと、ハラハラしま

す」と言われていました。僕は「絶対に大丈夫」と伝えました。

その後はというと、そのお客様は、ほかのアーティストとのコラボや銀座での個展などが次々に決まり、独創的な表現で大人気に。作品は出せばすぐに売れ、家賃に困ることなどまったくありませんでした。

後日、ほかのお客様をご紹介いただいた際に「この街に、このマンションに越してきたら、人生が変わりました」とおっしゃられていて、僕の部屋探しは間違っていなかったと確信しました。

ちなみに、その部屋は、後で聞いたところ縁を引き寄せる部屋だったようで、お客様の隣の部屋の方は、そのお隣に引っ越してきた方と結婚されたそうです。お客様ご自身はというと、昔付き合っていて忘れられなかった男性に20年ぶりに偶然再会し、今お付き合いされているのだそうです。

そういう幸運を呼ぶマンションって確かにあります。

今の自分からステップアップしたいと思うとき、昇進がかかっている大事なとき、難しい国家資格に挑戦しているときなど、何かに挑戦しているときは、部屋を変えるのが一番てっとりばやく、目指す先に手が届きます。

欲しいものを手に入れた自分が住むであろう部屋を先取りするのです。

そうすれば、無意識のうちに、住んでいる部屋に合わせて自分の人生の器が広がり、自然と自己肯定感やモチベーションがあがり、当たり前のようにその状態に持っていってくれます。勝手にチューニングしてくれるのです。

逆にいうと「成功したら引っ越そう」と思っていると、いつまでたってもその器の自分にはなれず、くすぶりつづけることになりかねません。

思い切って、今よりもちょっとステップアップした部屋に住んでみる。

そうすれば絶対に人生は変わります。

新しい部屋探しは、未来の自分への先行投資です。

自分の人生にサプライズをもたらそう
僕はサプライズが大好きです。

それは、やっぱり喜んでいただくのが楽しいから。

たとえば、物件を決めるとき、契約前に入居審査がありますよね。

お客様の多くが、実はこの審査結果をとても心配されているのです。特に心配されるのは、自営業の方や社会人としてはじめて保証会社を使われる方など。

僕は審査結果を電話でお伝えするのですが、

「○○さん……審査結果なのですが……かなり、いろいろ頑張ったんですが」

とちょっと神妙に、申し訳なさそうに語りかけて一呼吸おいてから、

「大丈夫でした～！！！！！」

とお伝えしてみたりするのです。

だいたいのお客様は「えええええ！　もう！　誠さん！　心臓止まるかと思いましたー」と笑ってくれるのですが、そのあと、物件に住める喜びがそれまで以上に湧いてくるようです。

特に、少しステップアップして今までよりも広い部屋に住む場合や、家賃が少し上がったとき、審査の結果は人生の中での一つの勝利であり、成功体験です。

「ああ、ここに住めるんだ。その審査が通った」

その成功体験を、ちょっとサプライズでおもてなしするのが楽しくて。鍵の受け渡しに、１ｍぐらいのでっかい鍵の模型をお持ちしてみたり、こっそり洗濯機のなかにミニプレゼントを用意したり。

ありがたいことに、僕のこれまでのサプライズ経歴は思い出に残るものらしく、お客様には何年経ってもそのことについて突っ込みを入れられます。

新しい生活の第一歩を踏み出したときのことを、そうやって思い出してもらえるのが何よりも嬉しいのです。そしてお客様にはずっと「サプライズをされる自分」であってほしいと思います。

このサプライズですが、どうぞ、自分にもたくさん仕掛けてみてください。

その一つが「自分がこれまで思いつかなかった部屋を、自分に与えること」です。

「仕方ないからこの部屋でいっか」ではなく「こんな部屋に住めるんだ！　自分ってすごい」って思える部屋を自分にプレゼントしてみてください。

今までの自分がやらなかったことを、新しい部屋探しと、新しい部屋での生活を通じて自分に贈る。その効果は絶大です。

「なんだ、自分、けっこうかっこいいじゃん」

「やっと自分のことに関心を持ってくれるようになった」

「えええ、こんなことしてくれるの？」

と、自分から感動され、自己肯定感ダダ上がりなのは間違いありません。

よい部屋は必ずあなたを応援してくれる

僕は、これまで1万件を超える部屋を見てきました。これは不動産屋個人としては日本一とも言える内見数です。

それぞれの部屋のことは、実は内見してからすぐに忘れてしまうので、以前行ったことがある物件に行ってみてはじめて「あれ？　この物件来たことあるなあ」と思うこともあります。でも、絶対に毎回忘れないようにしていることが一つ。それは、「お部屋にご挨拶をすること」です。

お客様よりも早く物件に伺えるときは、お部屋に入るときに「よろしくお願いします」と声をかけ、窓を開けて風を通します。内見が終わった後は、部屋のドアに手を置いて「ありがとうございました」と伝えるのです。もちろん、お客様にはわからないようにさりげなく。

これはもう、僕の中では習慣になっています。

本来、アパートやマンションなどの賃貸物件は、住む人を幸せにするために作られたものです。

そして、部屋は人生を応援してくれる場所。住む人にとっての人生の拠点となる基地です。結果的に、誰かが一時的に住み、その場の力を借りてステップアップして新たな部屋へと移っていく大切な空間だと思うのです。

人によっては神棚を置いて毎日お参りし、場を整えていたかもしれません。いわば、神社のように神聖な場所。

逆に誰かが引きこもって、ネガティブな気を溜め込んでしまったりするかもしれません。そういう、気のよくない部屋、日当たりの悪い部屋であったとしても本来の目的はただひとつ、そこに住む人を幸せに導くために部屋は存在するということです。

誰かの人生を左右する大切な部屋。

それを僕は、お客様にとって、人生が輝いていく場所かどうか、評価し、見極めさせていただいています。だから、内見をするときは、神社に出向いてお参りするのに近い気持ちで「どうぞよろしくお願いいたします」と、敬意を持って接しています。

スーツで内見に出向くのも、部屋に対する態度といいますか、神社に正装で参るのと、ジーパンで参るのとで心持ちが違うように、お客様にとってその部屋が、人生を幸せに導く最高の場所であるのかどうかが、見極めやすいように思うからです。

もちろん僕のように声に出して挨拶をする必要はありませんが、内見に行くとき、部屋に対して敬意を持って接してみてください。そうすると、その部屋が自分のことを応援してくれる空間なのかどうか、自分にとっての未来を切り開くためのフィールドとなってくれるのかどうか、なんとなく感じることができるはずです。

そして、人生の拠点となる新しい部屋に出会い、住みはじめてからも、自分の部屋を出るとき、帰ってきたとき、必ず挨拶をするようにしてください。「いってきます」「ただいま」「いつもありがとう」を伝えるようにしてください。

部屋は、あなたを最大限に応援してくれる最高の味方になってくれます。

おわりに

「部屋」の力を信じてほしい

部屋によって人生は変わる。

本書の中で、とにかく伝えまくったのは、ただひたすらそのことでした。

だって、部屋を変えるだけで人生が変わるのなら、やっぱり、変わりたいし、こんな手っ取り早い成功哲学はないと思うから。そして、僕は、部屋を変えるごとにステップアップして幸せになっていくお客様のわらしべ長者のような人生を、SNSで拝見するのが楽しくて仕方がありません。

最近、お部屋が決まったお客様に、その建物のある場所の氏神さまがどこなのか、どういう神様なのかを調べて、お伝えするようにしています。それは、お客様の新しい部屋が、どういうエネルギーに守られているのかを感じてもらえたらと思うことと、お部屋が神社のように願いをかなえてくれる場所であってほしいと思うからです。

この本を書いている今、不動産業界は繁忙期。怒濤の14連勤ですが、今年は、例年よりもいい物件を引き寄せていて、まったく疲れ知らずの誠不動産。新しい部屋の鍵を受け取られるお客様の輝くような笑顔を、今年もたくさん見たくて気合、根性、また気合。

サラリーマン時代の僕なら「物件は、間取りを見せれば内見なんてしなくても、即決められる」と豪語していたかもしれません。実際に、そうやって工場のベルトコンベアーのように物件を「さばいていく」不動産屋はたくさんあります。

新社会人や大学生にとっては、自分で自分の人生を決めるスタートになるべきはずが、不動産屋の都合によって、レールを敷かれるということがあってはならないと思っています。

おとり物件も横行しています。つい先日も、お客様から物件検索サイトでチェックした11件が送られてきたのですが、実際に空いていたのはゼロ。お客様の夢と未来を奪う業界であってはならないと思いつつ、これからもこの状態を変えていくために仲間たちと頑張っていくつもりです。

本来、お客様にとって、物件を決めるということは、未来を決めるということ。それだけ僕ら不動産屋は重要な役目を担っていると思っています。その責任とプレッシャーがあるからこそ、部屋が見つかったときの喜びは比類ないもの。その喜びをお客様と共有しながら、これからも邁進していきます。

実はこの本、僕のお客様であるライターのMARUさんからのご提案でスタートしました。「誠さんに見つけてもらった部屋で、本当に運気が良くなりました」というその言葉に、朝日新聞出版の編集者、佐藤聖一さんが大変興味を持ってくださり、本書を執筆させていただくことになりました。ですから、本書は、ある意味口コミがカタチになったような本です。

おかげさまで、日本テレビ「有吉ゼミ」の不動産コーナーに出演させていただくようになって1年が過ぎました。番組の中では、坂上忍さんをはじめ、多くの方にご鞭撻いただきながら、新鮮な経験を積ませていただいております。

テレビの中でも全力投球させていただいておりますが、皆様に「こんな不動産屋もいるんだ」と思ってもらえたら本望です。

そして何より、今回、僕の10倍以上お忙しいはずの坂上さんに本書の推薦をご快諾いただき、その帯文を拝見したとき、本当に嬉しかったです。

ありがとうございます！

誠不動産という社名は、僕の名前であり、今では生き方そのものです。

この「誠」という名を付けてくれた家族と、そのご先祖様に心から感謝しています。名前の通り、これからもお客様の未来が輝く部屋探しに邁進していくつもりです。

新たなお客様をご紹介してくださっている僕の大切なお客様にも、最大限の感謝を。皆様が幸せになっていく姿を見ることが、僕のモチベーションの源です。

いつも僕を支えてくれている家族、同年代・茨城の仲間たちや凛の皆様、日本賃貸仲介協会・不動産業界の皆様、お客様の部屋探しを全力でサポートしてくれているアシスタントの白澤李沙さんとそのご家族にも、この場を借りてお礼を伝えたいです。

「いつも本当にありがとうございます！」

最後に、この本を手にとってくださった皆さまが、自分の人生に本当に必要な部屋に出合っていただけたら嬉しいです。人生を好転させる、幸運を呼び込む部屋が見つかることを心から祈っています。

これからも気持ちを込めて仕事をしていきますので、どうぞよろしくお願いいたします。では、お客様の未来の部屋を探しに今日もこれから出かけます！

２０１９年２月吉日

誠不動産代表　鈴木 誠

［著者］
鈴木 誠（すずき・まこと）
1977年茨城県生まれ。誠不動産株式会社 代表取締役。高校卒業後、陸上自衛隊（朝霞駐屯地）に入隊。その後アパレル販売員を経て、不動産業界に転身。大手不動産仲介会社を経て独立。既存顧客の紹介を条件に物件案内をする完全紹介制で、ご縁のあったお客様に心を込めて全力で「住んだ後に幸せになっていただける空間」を提供している。お客様への徹底した心づかいが評判を呼び、芸能関係者やプロスポーツ選手など、紹介は途切れることがなく、年間の物件内見数は日本一を誇る。不動産仲介業界の健全な発展のために日夜尽力している。日テレ「有吉ゼミ」不動産コーナーに好評出演中。

誠不動産　http://makotofudousan.com/

奇跡《きせき》の不動産屋《ふどうさんや》が教《おし》える
幸運《こううん》が舞《ま》い込《こ》む部屋探《へやさが》しの秘密《ひみつ》

2019年2月28日　第1刷発行

著　者　鈴木《すずき》　誠《まこと》
発行者　須田　剛
発行所　朝日新聞出版
〒104-8011
東京都中央区築地5-3-2
電話 03-5541-8814（編集）
03-5540-7793（販売）
印刷所　大日本印刷株式会社

Published in Japan by Asahi Shimbun Publications Inc.
ISBN978-4-02-331763-5